Tú y Yo

A ESCRIBE EN INGLÉS

1 Somos cuatro hermanos: dos varones y dos hembras.

----

2 Vivo en una zona bastante lejos del centro.

----

3 Tengo quince años pero cumplo dieciséis el lunes.

----

4 En mi familia somos mis padres y yo.

----

5 Soy hijo único. Vivo con mis padres y mi abuelo.

----

6 Mi hermano pequeño tiene once años.

----

7 Yo soy la segunda, mi hermano Paco es el mayor.

----

8 Yo tengo catorce años, mi hermano once y la menor dos.

----

9 Tenemos dos hijos. El mayor está casado y el otro está estudiando en Caracas.

---

10 Nací en Sevilla, pero ahora vivo en Córdoba.

B ESCRIBE EN ESPAÑOL

1 I was born in London but now I live in Glasgow.

---

2 I live near the centre of the Paddington area.

---

3 I am 18. I'll be 19 in November.

---

4 I am the third son. My brother Peter is the eldest.

---

5 I am not the youngest, I'm the eldest.

---

6 I am an only daughter. I live with my mother and my grandmother.

---

7 We are eight in my family; my parents, four brothers and two sisters.

---

8 My brother is married. He's 24 and his wife is 25.

---

9 My brother James was born in Manchester but I was born in Chester.

---

10 My little sister is eight in February.

____

MUNDIAL E

C ESCUCHA

Listen to the tape and fill in as much detail as possible in the boxes provided

1

Name: _______________________________________

Age: _______________________________________

Brothers + sisters: _______________________________________

2

Name: _______________________________________

Country of birth: _______________________________________

Age: _______________________________________

Birthday: _______________________________________

Brothers etc. _______________________________________

3

Name: _______________________________________

Brothers: _______________________________________

Age: _______________________________________

Lives in: _______________________________________

Place of Birth: _______________________________________

4

Name: ______________________________________

Sister's name: ______________________________

Brothers: __________________________________

Lives in: __________________________________

Age: ______________________________________

Place of Birth: ______________________________

Mother's home town: __________________________

MUNDIAL F, G, H, I, J, K, L

D ESCUCHA

Listen to Antonio talking about himself. Fill in the missing information while you are listening.

Antonio was born on the ___ of ______ 1972. He is ___ years old. He lives in the ______ of Madrid. His flat is about ______ metres from the Plaza de España. He says that his flat is neither ______ nor ______ . There are ___ other people living with him. His sister is ___ years old. The flat has ___ bedrooms, a lounge, ______, ______ and ______. There is also a small ______ at the entrance. He says that it is a ______ flat but that it is ______________________________.

E *Which of these statements about Antonio are* **verdadero** *and which* **falso**

1 Su cumpleaños es en julio. ________________________

2 Vive en el centro de la capital. ______________________

3 Piensa que su piso es demasiado pequeño. ________________

4 Hay cuatro personas más en su familia. _________________

5 Su hermana es mayor que él. _______________________

6 El piso tiene sala y comedor. _______________________

7 A la entrada hay un vestíbulo. ______________________________

8 El piso no es cómodo. ______________________________

9 No hay ascensor. ______________________________

10 La casa de Antonio está en el quinto piso. ____________________

MUNDIAL M, N, O, P

F UNE

Match the statements with the illustrations:

1 Siempre dejo la radio debajo de la mesa.
2 Tengo la radio sobre mi armario ropero.
3 Pongo el radio-cassette en la estantería.
4 Hay una radio y un televisor.
5 Tengo la radio en el salón y no en mi habitación.
6 Es una radio antigua.
7 La radio no funciona.
8 Colecciono radios.

G ESCUCHA Y UNE

Listen to the descriptions of people's rooms and match them up with the pictures A–H

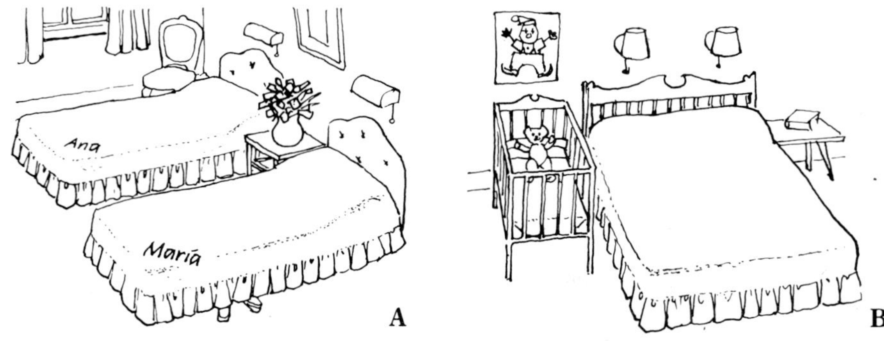

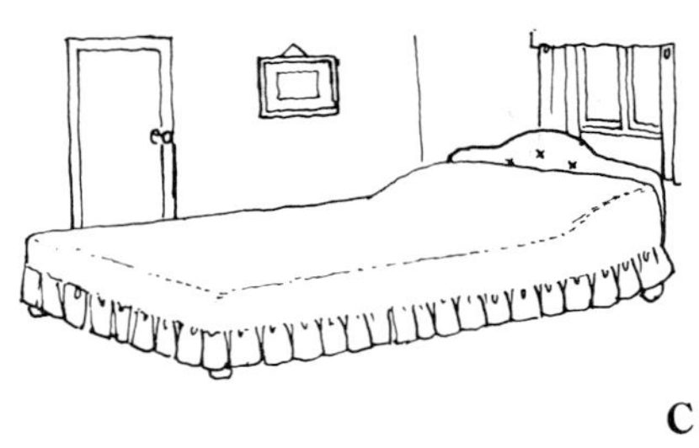

C

D

E

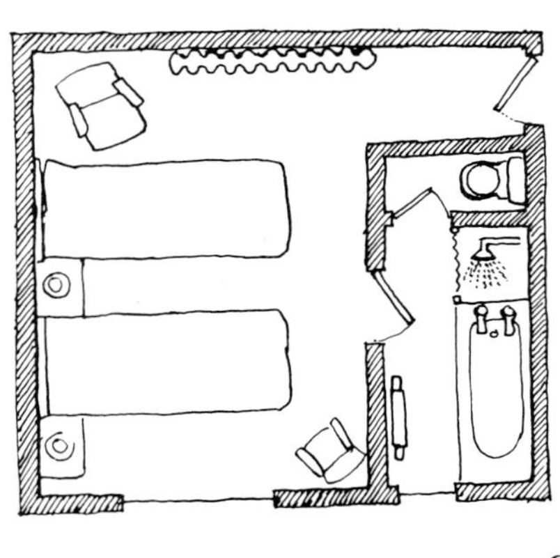

G

H

H RELLENA

Fill in the gaps with the verbs listed below. Remember some will need to be used more than once.

soy	gano	viven	me llamo
vivo	tengo	quiero	voy
puede	trabaja	cumplo	doy

¡Buenas tardes! _________ Ana Luisa. ________ 16 años

y ________ 17 el dos de febrero. ________ en Valencia pero

no ________ española. ________ colombiana. _______ en un piso pequeño cerca del centro. Mi padre _______ en una fábrica pero mi madre no ________ porque no ________ encontrar trabajo aquí en Valencia.

Todavía ________ al instituto igual que mis dos hermanos. Los sábados ________ un poco de dinero. _______ clases de guitarra a unas chicas que ________ cerca de nosotros. Menos mal, porque nunca ________ mucho dinero y ________ comprar otra guitarra.

I *Complete the following about Ana Luisa*

Se llama ____

Tiene ____ años.

Vive en ____

De nacionalidad es ________________________________

Su padre trabaja __________________________________

Todavía va ______________________________________

Tiene ______________________________________ hermanos.

Gana dinero los _______________ porque da _______________

Quiere comprar ___________________________________

MUNDIAL Q

J UNE

Describe the pictures on page 10 using the phrases below

- ☐ antes de las seis
- ☐ al llegar a casa
- ☐ después de levantarme
- ☐ después de quitar la mesa
- ☐ después de las nueve
- ☐ después de bañarme
- ☐ al terminar de comer
- ☐ antes de desayunar
- ☐ al salir de casa
- ☐ antes de acostarme

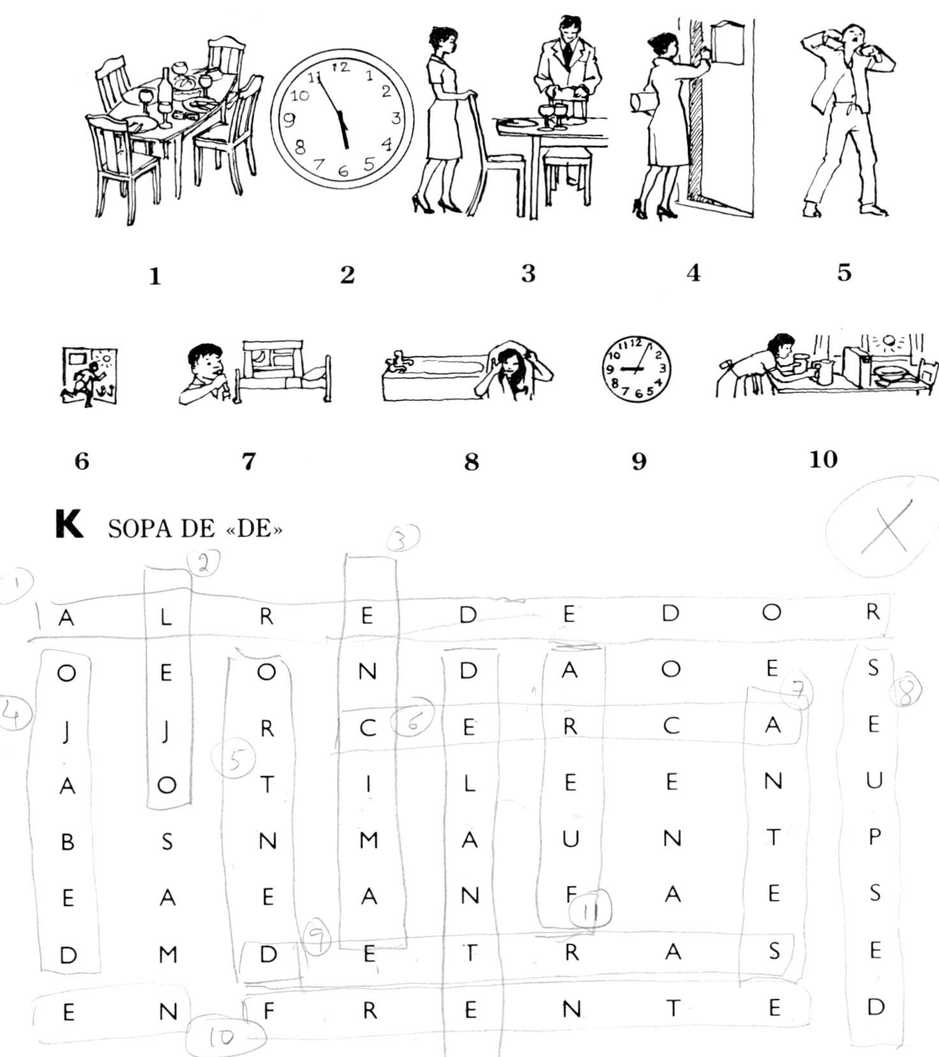

K SOPA DE «DE»

A	L	R	E	D	E	D	O	R
O	E	O	N	D	A	O	E	S
J	J	R	C	E	R	C	A	E
A	O	T	I	L	E	E	N	U
B	S	N	M	A	U	N	T	P
E	A	E	A	N	F	A	E	S
D	M	D	E	T	R	A	S	E
E	N	F	R	E	N	T	E	D

All the letters in the word square are used.
Find 14 words which are all followed by de *and write them in the sentences below.*
Many, but not all, are interchangeable.

1 Su casa está ______________________________ de Correos.

2 Tengo un jardín ___________________________ de mi casa.

3 Hay un parque ___________________________ de mi instituto.

4 No hay autopista ___________________________ de Madrid.

5 Hay una ___________________________ de chicas en mi clase.

6 Hay ______________________ de treinta alumnos en mi clase.

7 Me levanto ______________________________ de las ocho.

8 Me acuesto ___________________________ de medianoche.

9 Australia está _____________________________ de España.

10 El profesor está ___________________________ de la clase.

11 Vivo en el primero. Hay una zapatería _______________ de mi casa.

12 El perro está _____________________________ de la casa.

13 El gato está _____________________________ de tu tejado.

14 El aeropuerto está _________________________ de la ciudad.

Pasándolo bien

A ESCUCHA

Listen to the interview about people having a good time and answer the questions

1a What does the lady give her grandchildren when they visit her?

____

b Why are their visits usually quite short?

____

2a When Carmen is alone at home she puts on
- *(i)* classical music
- *(ii)* very loud music
- *(iii)* only her favourite group

b She doesn't much care that
- *(i)* she has problems with her Hi-Fi
- *(ii)* her mother gets angry with her
- *(iii)* the neighbours sometimes complain

3 José usually goes out with his ________ to ________ .

Near Christmas he sometimes has a party ________ for

his ________ and ________.

4 What does Fernando do? What reason does he give for his routine?

____

____

B RELLENA CON LOS VERBOS SIGUIENTES

Use the verbs below to complete Doña Marta's morning

traigo vengo tengo salgo compro hago voy
vuelvo tomo

Por la mañana _______ de casa a eso de las nueve y ________ al mercado.

Allí ____ casi toda la compra. Casi siempre _______ en autobús porque ______ dos bolsas grandes. Pero a veces cuando ______ mucha fruta y verduras ______ tantas cosas que ______ un taxi. Nunca ______ a pie porque ya ______ cincuenta y seis años y no ______ fuerzas.

C CONTESTA

1 ¿Cuándo hace doña Marta la compra?

____

2 ¿Dónde hace la compra?

____

3 ¿Cómo vuelve a casa?

____

4 ¿Por qué no vuelve a pie?

____

5 ¿Cuándo coge un taxi?

____

D RELLENA

Write out the following account again filling in the blanks and the pictures

____ de casa a las [clock] y ____ el metro para ir al [market stall]. ____ toda la compra antes de [clock] ____ todo en mi bolso y luego ____ también en  METRO. A veces ____ a casa de mi hija a ver a los [children] y por lo general ____ [sweets] o chocolate. Casi nunca ____ a pie. Muchas veces ____ el autobús o ____ un [taxi] y de vez en cuando ____ con mi hija en coche.

MUNDIAL C, D, E, F, G, H

E LEE

Read the following conversations which you have already taken notes on and answer the questions that follow.

1

Madre	–José, corazón, ¿lo estás pasando bien con los tíos y los primos?
José (aged 8)	–Sí mamá, estupendo. Vamos todos los días al parque y no tengo que acostarme hasta las once de la noche.
Madre	–¡Qué barbaridad! ¡No me digas eso! Y ¿estás comiendo bien, José?
José	–Sí, muy bien. Muchas tabletas de chocolate y cantidad de caramelos.
Madre	–¡Bueno, bueno! El lunes volvemos.
José	–¿El lunes? ¡Qué pronto, mamá!

2

Maribel	–¿Papá? ¡Hola! Mira, soy Maribel. Te estoy llamando desde una cabina aquí en Brighton.
Padre	–¡Hola hija! ¿Qué tal Inglaterra?
Maribel	–Hace un tiempo fantástico y estamos todo el día en la playa. Yo casi no voy a las clases de inglés.
Padre	–Hija, que los viajes de estudios cuestan mucho.
Maribel	–Sí, papá. No te preocupes. Estoy hablando mucho en inglés con un chico muy simpático que vive aquí en Brighton.
Padre	–Pero, ¿qué dices, hija?
Maribel	–Nada, papá. No tengo más cambio. Lo siento, adiós. Te llamo dentro de dos semanas.

3

Madre	–¡Hola, Ernesto! Mira, que tu padre y yo lo estamos pasando muy bien en Méjico. Estamos en un hotel de cinco estrellas con la playa a cincuenta metros. Te llamamos para felicitarte por tu cumpleaños.

Ernesto —Gracias, muchas gracias, mamá.
Madre —Pero ¿qué es ese ruido, esa música?
Ernesto —Bueno, mamá, es una pequeña fiesta, unos amigos, ya está.
Madre —¿Cómo unos? ¿Cuántos?
Ernesto —Unos veinte o treinta.
Madre —Ay, Ernesto. ¡Los vecinos! ¡Que son las dos de la mañana!
Ernesto —En Méjico serán las dos. Aquí son las nueve.
Madre —Bueno, hijo. Gracias a Dios que no sabe tu padre nada de esto.

CONTESTA

Answer the following questions about the stories you have just read

1 All three parents have a problem with their son or daughter. List the problems here.
José's mother ______________________________

____

Maribel's father ______________________________

____

Ernesto's mother ______________________________

____

2 Which parent is not necessarily abroad? ______________________

3 Who will not be overjoyed at seeing mum too soon?

____

4 Who claims she has no coins? ______________________

5 Who is having a good time on the other side of the Atlantic and how?

____

6 Who is surrounded by many friends? How many?

____

7 Who is 'surrounded' by one friend? ______________________

8 Who is staying with relations? ______________________

9 Give two reasons why Maribel's family may be concerned.

____

10 Who makes a mistake ? ______________________

F ¿QUIÉN PIENSA?

Which of the following people might be thinking the thoughts below?
José, Maribel, Ernesto, el padre de Maribel, la madre de José, la madre de Ernesto.

1 Estoy practicando el idioma sin asistir a las lecciones. _____________

2 No tengo que irme a dormir hasta tarde. ___________________

3 Esto tiene que ser un secreto. ________________________

4 Va a acabar con un inglés. _________________________

5 No somos una familia rica. _________________________

6 No está comiendo bien. ___________________________

7 No sabe qué hora es en España. ______________________

8 Mi hermana no sabe cuidar a mi hijo. ____________________

9 Tu padre no quiere problemas con la gente. __________________

10 Dentro de quince días hablaremos otra vez. __________________

____

G COMPLETA

Fill in your side of the following telephone conversation according to the instructions

¿Diga?
(*Say hello and who you are.*)

____

Ah, ¡hola! ¿Cómo estás?
(*Say you are fine and in Málaga. Say the weather is hot in the south but quite windy.*)

____

____

¿Y tus clases?
(*Say they are OK, and that you go every day. Say you have a lot of friends and are speaking a lot of Spanish.*)

____

____

_ _

Y ¿vas a venir a Santander?
(*Say yes you will come in 10 days. Say there is a small party tomorrow. You haven't any more change but you will phone in 2 or 3 days and say goodbye.*)

_ _

_ _

_ _

_ _

MUNDIAL I, J, K, L, M, N

H RELLENA

Write out the following sentences in full

1 El año pasado  IR al  de

_ _

2 IR a visitar a Pedro en el  hace unos días.

_ _

3 Mi madre IR al  sola ayer.

_ _

4 Mis hermanos IR anteayer a la

_ _

5 No  IR al  ni el martes ni el miércoles. _ _ _ _ _ _ _ _ _ _ _ _

_ _

6 Pablo, ¿adónde IR esta mañana? _

_ _

7 Carlos y Rosita no IR a la  porque hizo frío. _ _ _ _ _ _ _ _ _ _ _

_ _

8 ¿Adónde IR este verano? ________________________

____

9 La semana pasada IR al dos veces. ____________

____

10 Teresa ¿adónde IR tu hermano/a ? ____________________

____

I RELLENA

Complete the postcard below using one of the following words
encargaste, hicieron, olvidé, visité, comí, llamé, fui, compré, llegué

Salamanca, 4 de mayo

Querido Fernando:

Estoy pasándolo muy bien aquí en Salamanca. Ayer ____________ a la familia de Ernesto y ____________ con ellos. Luego ____________ al Corte Inglés y ____________ los discos que me ____________ pero desafortunadamente los ____________ en el autobús. Cuando ____________ a casa ____________ al garaje pero no me ____________ mucho caso.

Lo siento.
Un abrazo Miguel

AYUDA

encargar	to ask to do
hacer caso	to take notice

MUNDIAL O

J ESCUCHA Y CONTESTA

¿Qué hiciste el sábado?
Listen and answer the following questions

1 What day of the week is being talked about?

____

2 Who was the speaker with in the morning?

____

3 What did they do before lunch?

____

4 Why did she not go out that evening?

____

K

¿Qué hizo usted ayer?
Listen and answer the questions

1 What does the man ask the interviewer?

____

2 What was special about last night?

____

3 Where did the event take place?

____

4 How did the man travel there?

____

5 At what time did he arrive back home?

____

L

¿Qué hiciste este verano, Pablo?
Listen and decide whether these statements are **verdadero** *or* **falso**

1 Pablo did lots of things this summer. ______________________

2 He lives in the north of Spain. ______________________

3 The weather was changeable. ______________________

4 He went almost every day to the beach. ____________________

5 He went out dancing every night. ____________________

6 His relatives stayed for 5 days ____________________

7 He went on his own to visit them in Burgos. ____________________

8 He met a girl there and now they write to each other. ____________________

9 Generally it was a bad summer. ____________________

10 He's sorry that she doesn't live in Málaga. ____________________

M LOS PLANES DE BEGOÑA Y TRINI

1 What are they going to do immediately after church?

____

2 How will they travel from home to the coast?

____

3 What will they take to eat?

____

4 What is Begoña supposed to remember?

____

5 At what time are they planning to be back home?

____

6 What will they do after supper?

____

AYUDA

cerámica *china*
a eso de *at about (time)*
bañarse *to go swimming*
es una pena *it's a shame*
misa *Mass*
toalla *towel*
pera *pear*

MUNDIAL P, Q, R, S

N LEE Y COMPLETA

Read on p.35 of Mundial the notes that Marta left for her boss, la Señorita Valbuena, and complete the following description of her week.

Marta ______ a Correos el martes. ______ sellos y luego ______ la cuenta de la electricidad.

El miércoles, como ______ muy mal tiempo, no ______ a la oficina hasta la una y media. ______ a casa a las tres.

El jueves ______ al aeropuerto para buscar a unos clientes suecos y a las diez ______ con ellos a un restaurante mejicano.

______ a la reunión por la mañana y como no ______ problemas ______ el éxito con los clientes, el abogado y el contable.

O RELLENA

Complete by using the correct past form of the verb in brackets

Alguien (singular!) (llamar) ______ de la Telefónica y (preguntar) ______ si queríamos los aparatos nuevos en gris.

El señor Villalba (ir) ______ con su mujer al hospital a ver a su hija. No (aparecer) ______ hasta las doce.

Nadie (llegar) ______ al trabajo el miércoles y a las tres Marta (coger) ______ un taxi para volver a casa.

Los suecos (aterrizar) ______ a las dos y, antes de cenar con Marta, (ir) ______ al Prado, donde (pasarlo) ______ muy bien.

Marta no (pagar) ______ en metálico. (Utilizar) ______ una de sus tarjetas de crédito.

El abogado y el contable de la compañía (asistir) ______ a la reunión y realizar) ______ un buen negocio. Todos (beber) ______ mucho champán.

P BUSCA

How are the Spanish equivalents of the following expressed in Exercise O?

British Telecom ______________________________

Post Office ______________________________

cash ______________________________

American Express ______________________________

Heathrow ______________________________

business meeting ______________________________

goods ______________________________

hospital ______________________________

National Gallery ______________________________

£150,000 ______________________________

business coup ______________________________

Scandinavians ______________________________

MUNDIAL > T

3

Infórmate, entérate

A ESCUCHA

Listen to the four conversations. In each of them the person has a problem to do with reading, books, etc. Write down the problem and the solution given.

1 Problem:

Suggestion:

2 Problem:

Solution:

3 Problem:

Suggestion:

4 Problem:

Solution:

B ESCUCHA OTRA VEZ

Now listen to the four conversations again and take down how the following are expressed

Conversation 1

a What would you like? ______________________________

b I would like a Bible. ______________________________

c I'm sorry, sir. ______________________________

d Half an hour ago. ______________________________

e Two streets away. ______________________________

f I know it well. ______________________________

Conversation 2

a He does not want to read. ______________________________

b It seems he learns nothing. ______________________________

c How is he going to like it? ______________________________

Conversation 3

a Is there a library here? ______________________________

b It is a very small town. ______________________________

c What there is, is a bookshop. ______________________________

Conversation 4

a I can't remember. ______________________________

b Neither the title nor the author. ______________________________

c What are you going to do? ______________________________

d Ask if she can go to change it. ______________________________

____

MUNDIAL F, G, H, I, J, K, L, M, N

TV-2 UHF

viernes 29 de agosto

18.55 **OBJECTIVA 92: Segundo programa de hípica**
grabado en el Club de Campo de Madrid. Los mejores caballos y jinetes de España se entrenan de nuevo. Ya sueñan con una medalla de oro en las Olimpiadas de 1992.

20.00 **DOCUMENTAL:**
«Regiones ricas, regiones pobres.»
Encuesta sobre la desigualdad regional en España.

20.30 **VERANO 8.30 MAGAZINE:**
Incluye los siguientes reportajes:
Familia de Pirotécnicos: La fabricación de fuegos artificiales en Valencia.
Escuela de Gaitas Gallegas: El sonido de este tradicional instrumento ha acompañado las fiestas de todos los pueblos gallegos. En Lugo se ha creado una escuela en la que se enseña cómo tocarla.

21.00 **TELEDIARIO 2:**
Presentación: Paco Lobatón, Angeles Caso y Frederic Porta.

21.35 **EL ARCA DE NOÉ**
«Los Piratas Alados de Galápagos»
Dirección: Jose Luis Cuerda.
Contemplamos la majestuosidad de los pelícanos y su peculiar sistema de pesca. Vemos toda la riqueza de la naturaleza en las islas Galápagos pero este episodio de «El Arca de Noé» concentra en los pájaros y aves de esta exótica región.

23.30 **FILMOTECA TV**
Ciclo Ingrid Bergman
«Como en un espejo» (1961)
Karin, recluída en un sanatorio psiquiátrico pasa el verano en una casa en el arquipélago sueco cerca del mar. Su estado mental empeora mucho y pasa de un mundo a otro: el de la realidad y el del sueño. Karin oye «la voz de Dios», aunque para su marido, su padre y su hermano esto es sólo síntoma de su enfermedad.

01.55 **DESPEDIDA Y CIERRE**

AYUDA

grabar *to record*
el caballo *horse*
el jinete *rider*
la hípica *horseriding*
entrenar(se) *to train*
soñar (ue) *to dream*
sueño *dream*
la encuesta *enquiry, poll, survey*
la desigualdad *inequality*
fuegos artificiales *fireworks*
la riqueza *richness*
extraño/a *strange*
oye *she hears*

C LEE LA PROGRAMACIÓN PARA EL 29 DE AGOSTO

Match the halves and write out the complete sentences

1 El Arca de Noé
2 En "Verano 8.30pm"
3 Para los aficionados al deporte
4 La película de hoy
5 Paco Lobatón
6 La 2ª cadena cierra hoy
7 A las ocho hay un programa
8 Uno de los reportajes en Verano 8.30pm

a es uno de los presentadores del Telediario.
b es una extranjera doblada al español.
c a las dos de la madrugada.
d es un programa sobre la naturaleza.
e hay un programa a las siete menos cinco.
f sobre la actual situación económica de España.
g hay más de un reportaje corto.
h trata de la música regional española.

_ _

_ _

D RELLENA

1 Ayer vi "Objetiva 92" porque me interesa _ _ _ _ _ _ _ _ _ _ _ _ _ _ _ _ _ _ _

_ _

2 _ las películas de Ingrid Bergman.

3 Ayer vi el Arca de Noé pero no _

porque no me interesan mucho los programas sobre la naturaleza.

4. ¿Qué _ ayer, Pedro?

Pues, un _ _ _ _ _ _ _ _ _ _ _ _ _ a las ocho, y a las once _ _ _ _ _ _ _ _ _ _ _ _ .

5 Me encanta la música del noroeste de España y quiero ver

_ .

E RELLENA

1 Siempre hago un esfuerzo por ver el Telediario porque _ _ _ _ _ _ _ _ _ _ _ _ _ _

_ _

2 Nunca veo los programas de deporte porque _

_ _

3 _ _ _ _ _ _ _ _ _ los documentales así que los veo _ _ _ _ _ _ _ _ _ _ _ _ _ _ _ _ _

4 Veo _

con los niños porque _

_ _

5 Prefiero el canal 2 porque _

_ _

_ _

F ESCUCHA Y CONTESTA

1a The girl asks the boy if he saw (the film/the comedy) (yesterday afternoon/last night).

b He says he has seen it (once/twice) before but this is the first time he has seen it in __________.

2a The lady says that she doesn't like the programmes in summer because __

____

b She claims that programmes in winter

are ______ and ______ because people are ______________

____

3 Five people are asked if television has benefitted society.

a The first man says that it's a way of ________________ the public.

b The lady says it has its advantages and disadvantages (sus pros y sus contras)
Pros

(i) ____

(ii) ____

but on the other hand (por el contrario)

(iii) ____

c The young man does not have a TV set.

(i) Why not? ________________________________

(ii) What does he think that TV has changed?

____

(iii) Does he think that it is a good thing?

____

d The young girl, before she is interrupted by the man, says that

(i) choosing programmes which may be __________________

________________ is ________________________

(ii) She also thinks that it is important not __________________

____

(iii) The man states that he ______ TV and that this minute (ahora

mismo) he's off ______ because he never misses «nunca me pierdo» ______.

(iv) He says he is going because it's ______ and he asks ______ that it should never ______.

MUNDIAL O, P, Q, R

G ESCUCHA

Listen to the radio programmes leading up to and including the news, and answer the following

1a José Franco has written from ______________________________.

b He says he always listens to the programmes with his ______________ and ______________________________________.

c He would like ______________________________________ pennants.

d He says he is ______ years old and his ______ is ______.

e He says they listen to the programmes from ____________________.

2 You are in Madrid for a while and would like to go to the huge exhibition of Mallorcan shoes.

a When is it taking place? ______________________________

b The collection for which seasons will be on show?

____

c Where and on what floors is it taking place?

____

3 The reporter from Oviedo says that she has bad news of a storm at sea off the Asturian coast.

a What details does she give? ____________________________

____

b How long has it been going on for? ______________________

c What is happening at the ports ? _________________________

____

d What is the weather forecast for tomorrow?

4 You wanted to go to Cáceres for the annual fair (feria) but there has been a change. What do you now know?

THE NEWS

5 An ETA terrorist today has been handed over to the Spanish authorities

a By whom?

b How many have been handed over all together?

c In the protest demonstrations that ensued, what were burnt?

d What was disrupted?

6 Iberia flights will take a new route via the North Pole to Japan.

a On which days will there be Tokyo to Madrid flights?

b When will the flights start?

c How much shorter will the flights be ?

7 A boat with people secretly going from the Dominican Republic to Puerto Rico has sunk.

a Who is looking for survivors? (supervivientes)

b How many more or less (al parecer) were on board?

c How many have been rescued? (rescatados/as)

8 General strike in Chile

a When did it take place?

b Ten (una decena) _________________________ were destroyed.

c Who was injured and why? ____________________________

____

H ESCRIBE

Use APRENDE 72 to help you complete the following
Vestirse *to get dressed*

me visto	______________________
_____vistes	*you get dressed*
se ____________________	*he/she gets dressed*
nos ____________________	______________________
_____vestís	______________________
se ____________________	*they get dressed*
Remember me estoy vistiendo *or* estoy vistiéndome	*I am getting dressed*

Reír(se) *to laugh*

me reí	*I laughed*
______________________	______________________
se rió	______________________
______ reímos	______________________
os ____________________	*you all laughed*
______________________	*they laughed*

MUNDIAL S

I RELLENA. ESCOGE ENTRE LAS SIGUIENTES PALABRAS

Remember, not all of the words are to be used

mil novecientos ochenta y seis ciento noventa alcanzado terminado
ciento noventa y uno bajado empezado Agricultura Industria
el ochenta por ciento buenos calor peligrosos

En el año ___________ no hubo más de ___________incendios. Este

año la cifra ya ha ___________ los ___________ y todavía no

ha ___________ el mes de octubre. Nos advierte el Ministerio

de ___________ que___________ de los incendios que

ocurren en Galicia no son por causa del ______ sino que son provocados.

J ESCUCHA Y ESCOGE

1 Más de . . . .
 a 200
 b 150
 c 130
 niños ayudaron a los bomberos.

2 Los niños están . . .
 a trabajando en una granja cercana.
 b asistiendo a una escuela de equitación.
 c de vacaciones.

3 Este incidente ocurrió . . . .
 a el uno de agosto.
 b anoche.
 c ayer tarde.

4 El Señor César Ruiz Burdilla . . .
 a no llamó a los bomberos.
 b dio la alarma inmediatamente.
 c tardó una hora en dar la alarma.

5 El Señor Burdilla es . . . .
 a bombero.
 b camionero.
 c propietario de una finca.

6 Hace . . . .
 a más de un mes que no llueve.
 b menos de un mes que no llueve.
 c poco tiempo que no llueve.

7 La policía . . . .
 a ya ha detenido al pirómano.
 b no conoce la causa del incendio.
 c sabe como empezó.

MUNDIAL T, U

K PALABRAS AMIGAS

ESCRIBE
Write the English for the following words

explosión _________________
choque ___________________
disturbio _________________
aventura _________________
cable de alta tensión __________
bomba ___________________
la política _________________
gobierno _________________
violencia _________________
víctima __________________
grave ____________________
compañía _________________
mantener _________________
millón ___________________
sufrir ___________________
atracador _________________

L RELLENA

Use the words from your list of «Palabras Amigas». Remember to look carefully at the adjectives.

El ______ escapó con cuatro ______ de pesetas pero

desafortunadamente ___________ , el señor Vernière, jefe de

una ______ francesa (sufrir) ______ heridas ______ .

La _ _ _ _ _ _ de su _ _ _ _ _ _ le ha costado cinco años de cárcel al atracador.

Los terroristas (colocar) _ _ _ _ _ _ una _ _ _ _ _ _ cerca del centro de la capital en protesta contra _ _ _ _ _ _ del nuevo gobierno. A las cinco de la tarde hubo una gran explosión. El acontecimiento provocó _ _ _ _ _ _ en las calles y _ _ _ _ _ _ _ entre el público y la policía que intentaba _ _ _ _ _ _ a las masas distante de un _ _ _ _ _ _ .

M ESCRIBE

From the illustrations and new vocabulary complete the eyewitness account of a fire

Ayer por la tarde a las  _ _ _ _ _ _ fui a casa de mi  _ _ _ _ _ _ en  _ _ _ _ _ _ . Al pasar por la  _ _ _ _ _ _ que está enfrente, vi que había  _ _ _ _ _ _ saliendo por debajo de la  _ _ _ _ _ _ .

En el  _ _ _ _ _ _ piso había una  _ _ _ _ _ _ gritando desde la  _ _ _ _ _ _ . Subí las  _ _ _ _ _ _ , llamé al  _ _ _ _ _ _ y mi  _ _ _ _ _ _ llamó a los  _ _ _ _ _ _ . Llegaron  _ _ _ _ _ _ y ya había mucha  _ _ _ _ _ _ en la  _ _ _ _ _ _ . El  _ _ _ _ _ _ era muy intenso pero afortunadamente rescataron a la  _ _ _ _ _ _ y apagaron el  _ _ _ _ _ _ sin problemas.

MUNDIAL V, W, X, Y, Z

4

De ahora en adelante

A

Each of the 'profession' words is missing a different letter from the Spanish alphabet. Find them and try to learn their meanings.

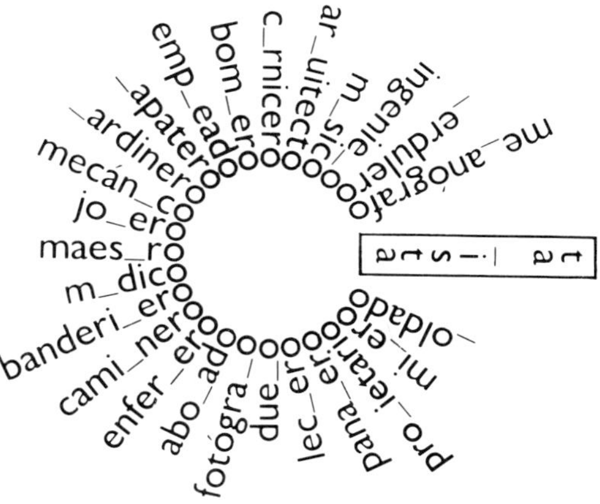

AYUDA

empleado/a *employee*
abogado *lawyer*
enseñar *to teach*
alguien *someone*
torero *bull fighter*
proyectar *to design/draw plans for*
diseñar *to design*
la autopista *motorway*
la ley *law*
el amo/ama *owner*

B ESCOGE LA DESCRIPCIÓN ADECUADA

Which of the sentences below best describes the professions mentioned in A?

1 Le gusta la música.
2 Le gusta enseñar.
3 Trabaja en las minas.
4 Trabaja para alguien.
5 Trabaja con plantas.
6 Trabaja con automóviles.
7 Vende legumbres.
8 Vende ternera.
9 Vende diamantes.
10 Vende bollos y panecillos.
11 Vende leche.
12 Ayuda a los médicos.

13 Ayuda a los toreros.
14 Proyecta puentes y autopistas.
15 Diseña edificios.
16 Conduce un taxi.
17 Conduce un camión.
18 Cura a los enfermos.
19 Escribe a máquina.
20 Saca fotos.
21 Acude cuando hay incendios.
22 Arregla zapatos.
23 Conoce las leyes.
24 Está en las Fuerzas Armadas.
25 Es el amo.

C ESCUCHA Y ESCOGE

Which professions are the speakers likely to belong to? Write the number in the box

Cartero .... ☐
Intérprete .... ☐
Farmacéutico .... ☐
Verdulero .... ☐
Profesora .... ☐
Camarero/a .... ☐
Carpintero .... ☐
Azafata .... ☐
Periodista .... ☐
Dependiente en una librería .... ☐

MUNDIAL D, E, F, G, H, I, J, K

D ESCUCHA Y CONTESTA

Listen to the six comments made by young people about their hopes and plans for the future and answer the questions

1 This boy wants to be a __________. He has always enjoyed working in his ______ workshop.

2 The girl thinks she's going to be a housewife because _____________. She thinks that she will not go out to work because _______________.

3 "I haven't the faintest!' (No tengo la menor idea)" I wouldn't like to ______ now but what I do know is that I ______ maths and ______.

4 For the time being (por ahora) this girl is going to ______ . Then she would like to ______ like her ______ who is a ______ now working in a ______ in ______

5 This boy is mainly concerned with ___________ , whatever it may be. He is frightened of ______ and feels that his parents ___________.

6 This young man doesn't want to work.
a What does he hope may happen?
_ _
b In what business does he think he might achieve this? _ _ _ _ _ _ _ _ _ _ _
c Will he continue with the same job if he fails? _ _ _ _ _ _ _ _ _ _ _ _ _ _ _ _ _ _

E ESCOGE

Which of the words in brackets is the most nearly related to the lead word? Underline your choice

en paro (sin trabajo, sin amigos, sin profesión, sin familia)
camarero (en el hospital, en el restaurante, en el aeropuerto, en la calle)
idioma (biología, golf, diseño, chino)
farmacia (animales, enfermeros, medicinas, perfumes)
Semana Santa (Navidad, Pascuas, vacaciones, en mayo)
pescador (en las montañas, en la ciudad, en el mar, en las afueras)
sueldo (banco, dinero, diario, regalo)
dueño (secretario, dependiente, empleado, propietario)
tener éxito (salir, perder, lograr, terminar)

F LEE Y ESCOGE LA RESPUESTA ADECUADA

Read the question and choose the right answer from below

1 ¿Adónde irás de vacaciones?
a Irán a Francia. **b** Iré a Francia. **c** Iremos a Francia.

2 ¿Qué hará Juan si no termina a las ocho?
a Llegará tarde. **b** Llegaré tarde. **c** Llegarán tarde.

3 ¿Encontrarán trabajo en el mes de julio?
a Sí, lo encontrará. **b** No, lo encontrarán. **c** Sí lo encontrarán.

4 ¿Cuándo volveréis del instituto?
a Volveremos a las cinco. **b** Volverá a las cinco. **c** Volveré a las cinco.

5 ¿Qué vas a hacer mañana?
a Iremos a la oficina como siempre. **b** Iré a la oficina como siempre. **c** Irá a la oficina a las diez y media.

6 ¿Solicitarás el puesto de mecánico?
a Sí. **b** No, no lo solicitará. **c** Sí, lo solicitarán.

7 ¿Vas a estudiar en la universidad?
a Sí, vas a estudiar. **b** No sé si haré eso. **c** No estudiaremos más.

8 ¿Ganarás un buen sueldo?
a Ganará mucho. **b** No, van a pagarme poco. **c** Recibirás un millón.

G RELLENA

Fill in the description of Miguel's job using the following words
trabajo, mecánico, sucias, se enfada, encontrar, sucio, terminé, toallas, sueldo, trabajo, coche,

Miguel:

Soy _____________ de profesión. No hace mucho que ______ porque ______ mis estudios el año pasado, pero me gusta, me gusta bastante. He tenido suerte en ______ un puesto de trabajo cerca de mi casa y puedo ir al ______ a pie. La verdad es que gano un buen ______ aunque por otra parte es un trabajo muy ______ . Siempre tengo las manos ______ porque paso gran parte del día debajo de un ______ y mi madre ______ de cómo dejo las _____________ .

MUNDIAL L, M, N, O, P

H ESCUCHA Y CONTESTA

Listen to what Sr. Ortega has to say about his job as a fisherman and answer the questions

1 ¿Le gusta a usted la vida de pescador?

Yes because **a** ______________________________________

b ______________________________________

but young people nowadays **c** ______________________________

____

My sons **d** ______________________________________

2 ¿Se gana mucho dinero?

No, it's **a** ______________________________________

because **b** ______________________________________

and we have to **c** ______________________________

3 ¿Qué horas tiene usted que trabajar?

a From __________________ to __________________

b Then we have to ______________________________ ,

repair nets (redes) and ______________________________

c It's ______________________________

Ana:
A veces la gente que vive en la ciudad dice: «Ser pescador no, no me gustaría. Trabajar en una oficina es más fino.» Es que la gente suele pensar eso pero realmente gana el doble un pescador que una persona que esté trabajando en una oficina como secretaria o algo así.

También es muy estúpido considerar a los pescadores como gente inferior. Desde luego porque ser pescador no es fácil. Tienen que conocer muy bien el mar y si no conocen bien el mar no pueden ganarse la vida. Pero aquí en Cataluña, en el pueblo donde estoy, si vas a casa de un pescador, tiene su coche, su televisor, y cada fin de semana se puede permitir ir a comer a algún sitio o sea, tiene una vida normal.

Hay veces que sí, es peligroso, porque, sabes, en plena mar siempre hay riesgo. Uno puede perderse fácilmente. En verano tenemos tormentas. Hay que conocer los vientos y las corrientes.

AYUDA

peligroso/a *dangerous*
en plena mar *in the open sea*
hay que *one must*
tener razón *to be right*

I LEE

Read Ana's views on Pescadores and decide if the following statements reflect them or not.
Write **verdadero/falso**

1 La gente suele pensar que la profesión de pescador es algo no muy fino.

____

2 Una secretaria gana más que un pescador. ____________________

3 Los pescadores son estúpidos e inferiores. ____________________

4 Pescar es un trabajo sin peligro. ____________________

5 Los pescadores tienen que saber mucho del tiempo.

____

6 En el pueblo de Ana los pescadores viven con todas las comodidades. (comforts.)

____

7 Tienen bastante dinero para ir a un restaurante el sábado o el domingo. ___

____

8 Ana piensa que la gente que vive en las ciudades tiene razón. ________

____

MUNDIAL Q, R, S,

J RELLENA

Fill in the blanks by choosing from the following infinitives

aprobar, ganar, volver, viajar, visitar, continuar

1 Me gustaría ___________ con mis estudios.

2 Pienso ___________ el once de agosto.

3 Tengo la intención de ___________ por el sur de España.

4 Quisiera ___________ mis exámenes.

5 Quiero ___________ a mis parientes.

6 Me gustaría ___________ más dinero.

K UNE

1 La discoteca siempre está llena,
2 No le gustan las universidades españolas,
3 La película es malísima,
4 Tienen intención de casarse,
5 Está muy enamorado,
6 No tiene ni un duro,
7 Quiere aprobar,
8 Quisieran ir a Méjico.

a quiere casarse con ella.
b van a comprar un apartamento.
c quiere estudiar en el extranjero.
d no entrarán.
e No tienen bastante dinero.
f van a aburrirse.
g piensa estudiar mucho.
h piensa buscar trabajo.

L ESCRIBE

When you have paired the above sentences check them with your teacher and write them out in one sentence using the expressions below to help you.

por eso	that's why	porque	because
pero	but	y	and
así que	so		

e.g. La discoteca siempre está llena así que no entrarán.
or No entrarán porque la discoteca siempre está llena.
or La discoteca siempre está llena; por eso no entrarán.

1 ____

____

2 ____

____

3 ____

____

4 ____

____

5 ____

____

6 ____

____

7 ____

____

8 ____

____

M LEE Y ELIGE

Read the comments made and choose the exact English

1. He trabajado cinco años en esta farmacia.
   (have worked/will work)
2. El año que viene estudiaré medicina.
   (have studied/will study)
3. Soy arquitecto. En este momento estoy diseñando un bloque de oficinas para el centro de Zaragoza.
   (I have just designed/I am designing)
4. Aprobé los exámenes en junio.
   (I will pass/I passed)
5. Vendré a verte a las cinco, antes de ir a mis clases.
   (I will come/I came)
6. En el mes de mayo solicité un puesto en Cuenca.
   (I will apply for/I applied for)
7. Terminaré mis estudios en 1992.
   (I will finish/I finished)
8. Salgo con una chica que trabajaba contigo.
   (I am going out with/I went out with)
9. ¿Lo vas a hacer esta mañana?
   (did you do it? will you do it?)
10. He hecho todos los deberes y quiero ir a mi clase de guitarra.
    (I will finish/I have finished)

Problemas

A UNE

Match up the sentences with the pictures

1 Estoy muy aburrida porque estoy constipada y me duele la garganta.
2 Lo siento mucho pero no podemos aceptar la responsabilidad.
3 Hay que hacer cola.
4 Tengo la piel muy quemada porque no me puse bronceador.
5 Quisiera devolver esta radio porque no funciona bien.
6 Perdí mi bolso en el autobús esta mañana y no tengo dinero.
7 ¡Llevo tres cuartos de hora esperándote!
8 El tren para Calatayud salió hace 10 minutos.

AYUDA

estar constipado/a *to have a cold*
el bronceador *suntan lotion*
hacer cola *to queue*

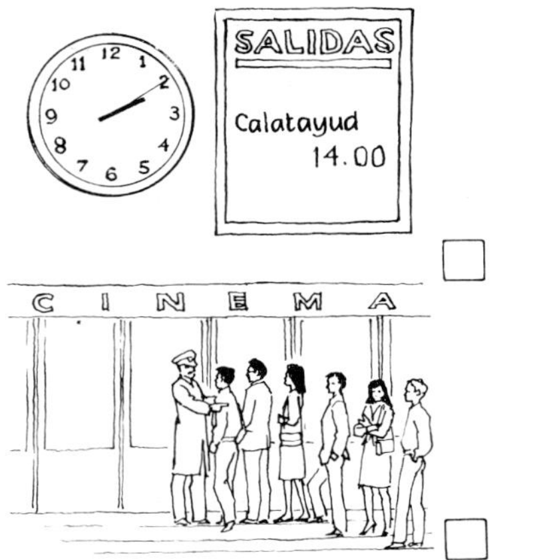

B ORAL/ESCRITO

Talk or write about these pictures

MUNDIAL D, E, F, G, H, I, J

C ¿QUIÉN?/¿QUIÉNES?

Read the notes and answer the following questions

HA LLAMADO EL
MÉDICO DEL ABUELO
Y NOS HEMOS IDO
AL HOSPITAL.
MAMÁ Y PAPÁ

JUAN:
ENTRÉ EN TU HABITACIÓN
Y ESTABA QUE DABA ASCO.
ESTE FIN DE SEMANA NO SALES.
PAPÁ

El cenicero estaba lleno
a tope. ¿Qué quieres?
¿Morir de cáncer?
Dolores

Creo que han cortado la luz
La ropa está en la lavadora
Mejor dejarla dentro por si
vuelve la electricidad
Leopoldo

Pilar:
Yo estaba en la discoteca
cuando tu estabas bailando con
Miguel. ¿Por qué mientes?
FELIPE

Ya eran las doce
Tenía miedo solo
en la casa y me
fui a casa de
la vecina.
Jorge

1 ¿Quién está enfadado con su hijo?

____

2 ¿Quién está enfadado con su amiga?

____

3 ¿Quién cree que su marido fuma demasiado?

____

4 ¿Quién no tiene la ropa limpia?

____

5 ¿A quién le gusta estar acompañado?

____

6 ¿Quiénes han tenido que salir de repente?

____

7 ¿Quién llamó urgentemente?

____

8 ¿Quién tiene su dormitorio desordenado?

_ _

9 ¿Quién compra muchos cigarrillos todos los días?

_ _

10 ¿Los padres de quién han vuelto muy tarde a casa?

_ _

11 ¿Quién no puede ver la tele?

_ _

12 ¿Quién no ha dicho la verdad?

_ _

D *Who would have said the following?*

1 «Los libros están en la cama, la ropa en el suelo, la ventana abierta. ¡Qué desastre!» _

2 «Vamos pronto, que está en cuidados intensivos.» _ _ _ _ _ _ _ _ _ _ _ _ _ _

3 «No te vi, así que bailé con él. ¡Dios mío, qué celos!» _ _ _ _ _ _ _ _ _ _ _ _ _

_ _

4 «Te prometo que el día de mi cumpleaños lo dejo.»

_ _

5 «Oí un ruido muy extraño en la cocina y me dio terror.»

_ _

6 «No voy a tener nada seco para la fiesta esta noche.»

_ _

E RELLENA

Fill in the rest of the account of Jorge's day from the words below

era salí era ir me dolían me dolía tenía me quedé
dijo me desperté quedarme

Ayer no ______ de casa. ____________ en cama todo el día porque ______ con mucho frío y ______ mucha fiebre. Además ____________ la cabeza, ____________ todos los huesos, así que mi madre me ______ que lo mejor ______ ______ en cama porque ______ una tontería ______ al colegio con gripe.

AYUDA

la fiebre *temperature/fever*
el hueso *bone*
lo mejor *the best thing*
es una tontería . . . *it is stupid to . . .*

K, L MUNDIAL

F ESCRIBE

Write the following conversation in the chemist's in the correct order

Farmacéutico: –¿Un bronceador? Pero si estás muy morena.
Chica: –Buenos días. Quisiera un bronceador, por favor.
Farmacéutico: –Sí, claro. Eso no te protege de los rayos del sol. ¿Qué grado de protección quieres?
Chica: –Bueno, es que utilizo leche autobronceadora en Escocia, donde vivo.
Farmacéutico: –Aquí tienes una botella de aceite bronceador de protección cuatro. Son mil cien y dos mil seiscientas por las gafas.
Chica: –Tres o cuatro por favor, y estas gafas de sol.

____

____

____

____

____

____

____

____

G DIBUJA

Fill in the letter for the correct drawing in each box

El tiempo de hoy.

El cielo estará muy nuboso ☐ con chubascos en forma de lluvia ☐ en la costa y chubascos en forma de nieve ☐ en las zonas de montañas ☐. Vientos fuertes ☐ del noroeste ☐ y descenso apreciable de temperaturas ☐ . Se formarán nieblas ☐ al atardecer .

A B C D

E F G H

MUNDIAL M, N, O, P, Q

6

Deportes, fiestas y costumbres

A RELLENA. UTILIZA LAS SIGUIENTES PALABRAS

negras, Olímpicos, final, australiano, dieciocho, Paraguay, doctores.

1 Cash es ______________________________ .

2 ______________________________ no está en las semi-finales.

3 Karpov juega con ________________________ en el octavo partido.

4 Una mujer ganó la primera medalla de oro de los Juegos ___________ .

5 Piquet es campeón, gracias a los ____________________________

6 Pons y Garriga disputan la ______________________________

7 Severiano era profesional antes de los __________________ años.

B ESCUCHA Y RELLENA

Listen to Blanca talking about herself and fill in the missing details

Blanca says she likes skiing because both her ______ and her ______ are keen skiers and so she started skiing ___________ . She was lucky enough to go at least ___________ times a year and used to go with ___________ and stay in ___________ in the famous resort of La Molina. Blanca has ______ brothers and sisters and ______ like skiing. She herself ___________ sports and says that she goes to ___________ whenever she can because ______ is her favourite sport.

CATALUÑA: CAMPAMENTOS DEPORTIVOS

¿Quieres perfeccionar tu deporte favorito o aprender uno nuevo?
¿Tienes más de diez años y **menos de** diecinueve?
¿Tienes dos semanas libres en junio o julio?
Llámanos ahora mismo al 301 8989
Inscríbete en unos de nuestros cursos de quince días, organizados y subvencionados por la Generalitat. Puedes aprender las reglas básicas del deporte o adquirir mayor destreza en tu deporte preferido.
Veintitrés campamentos
Precio único de inscripción: 17.000 pesetas
Para más información dirígete a Calle Jondo, 20.
Tel: 301 89 89

AYUDA

inscribir(se) *to register, put your name down for*
subvencionado/a *subsidised*
la regla *rule*
adquirir(ie) *to acquire*
la destreza *skill*

C LEE

Read the article and use it to help you write 2 ways of saying the following:

2 weeks ________________________ you can learn a new sport

____

I want to improve at my favourite sport ________________________

____

D RELLENA

Fill in the missing information based on the article you have just read

La Generalitat organiza ______________ durante los meses de ______ y ______ . Los cursos duran ______ y los participantes deben tener entre ______ y ___________ años de edad. Tienen que pagar ______ ptas. Para más detalles hay que ______ al 301 89 89. Hay ___________ campamentos en Cataluña este año.

MUNDIAL G, H, I, J

E RELLENA

Fill in these details from the three matches with the words given

personas, jugador, televisión, con, ganó, perdió, asistieron, perdieron, española, cero, bueno

1 El Real Madrid empató ___________ el Bilbao.

2 El Zaragoza ___________ ante el Español.

3 El Celta ___________ por dos goles a cero.

4 Cerca de 50.000 ___________ ___________ al partido.

5 El resultado fue cero a ___________ .

6 El ___________ maño fue expulsado en el minuto 47.

7 Los aficionados bilbaínos quemaron la bandera ___________ .

8 Los béticos ___________ en Galicia.

9 El arbitraje no fue ___________ .

10 El partido fue retransmitido por la ___________ de Galicia.

F RELLENA CON 'SER' EN EL PRETÉRITO

1 Ahora es piloto pero ______ ingeniero. (fui-fue)

2 ______ profesora y dentista pero ahora soy doctora. (fui-fue)

3 El profesor se enfadó con nosotros porque ______ muy maleducados. (fui-fuimos)

4 Los dos ______ expulsados por el árbitro. (fue-fueron)

5 Gracias por devolver el dinero, ______ muy honradas., (fue-fuisteis)

6 Aquí tienes chocolate porque ______ muy bueno hoy. (fue-fuiste)

G ESCUCHA Y ESCRIBE

Listen to the speakers and fill in the information requested

1
Game: ____

Score: ____

Winning team: ____________________ Gate: ________________

2 *Games*

Liked		*Disliked*	
1	___________________	**1**	___________________
2	___________________	**2**	___________________
3	___________________	**3**	___________________

3
Sport: ____

Played ______ minutes then it ______ . Players came back ______ later, played for ___________. We came home ____

4
Sport: ____

Dangerous: ____

__________________________________ is more dangerous but all sports ____

because ____

MUNDIAL > K, L, M, N, O, P, Q

H ESCUCHA

Listen to the interview. What would the lady do if she were very rich?

1 She would buy

a for herself ____

____

b for her husband ____

____

c for her mother-in-law ____

____

2 She would go to ______ and ______ because ______

She last saw them ______________________________

She would arrive ______________________________

3 She would help

a ______________________________

b ______________________________

c ______________________________

4 Would she be happier? ______________________________

I LEE

Now read the interview that you have just heard and check you understood all the details

¿Qué haría usted si tuviera mucho dinero?

Compraría una casa con jardín, un coche para mí y otro para mi marido. Mucha ropa para todos y a la madre de mi marido, a mi suegra, le regalaría un viaje de tres meses alrededor del mundo.

¿Y no iría usted de viaje?

Sí, claro que sí. Iría a Grecia y a Sudamérica porque allí tengo unos primos que hace ya más de veinte años que no veo. Pero llegaría sin avisarles, sin escribirles ni nada de eso.

¿Ayudaría usted a gente que no es de su familia?

Sí, claro, daría algo para caridad, a los pobres, a la iglesia y a los hospitales.

¿Sería usted más feliz?

Tendría otros problemas. No sé, la verdad: Mejor sería quedarme como estoy.

J ESCRIBE

How do you say the following?

my mother-in-law ______________________________

a round-the-world trip ______________________________

a car for my husband ______________________________

without writing to them ______________________________

without warning ______________________________

I would give to charity ______________________________

Perhaps I should stay at home ______________________________

____

Of course I would ____________________________________

K RELLENA

Fill in the missing words from the list below

volvería iría fumaría jugaría estudiaría saldría

1 Nunca ___________ al tenis.

2 Siempre ___________ a casa en taxi de noche.

3 Es muy malo para la salud, nunca ___________.

4 No me gustan las matemáticas y nunca ___________ contabilidad.

5 A la edad de diecinueve ya no ___________ de vacaciones con mi familia.

6 Nunca ___________ de casa sin mi cartera.

MUNDIAL R, S, T, U

L ESCUCHA

Listen to Maribel and Marisé talking about fiestas and answer the questions

1 Maribel spends most of the time ___________________________

____ .

2 She attends the events and then ___________________________

____ .

3 The town is Calatayud, in the _____________________ of Zaragoza.

4 The fiestas last ___________________________________ .

5 In Salamanca they hold cultural events _____________________

____ .

6 They have ____

_________________________ and many other shows for the public.

7 What does she mean by 'turismo estudiantil' of all ages? ____________

_ _

8 How do they get on with the locals? _

_ _

M *One letter in each of the following sports or games is missing*

a b c d e f g h i j k l ll m n o p q r s t u v w x y z

el _aloncesto, el _útbol, el _olf, el _enis, el tenis de _esa, el ba_onmano, el _óleibol, el _tletismo, el rugb_, el béi_bol, la _ípica, el _arate, el bi_ar, el ajedre_, el _iclismo, la _esca, el bo_eo, los _ardos, la _quitación, los _uegos _límpicos, el es_uí, el j_do, el _ater-polo, el t_ro al arco, la _atación, el _emo.

4

El transporte los viajes

AYUDA

próximo/a *next*
la taquilla *ticket office*
al atardecer *at dusk*

A ESCUCHA Y CONTESTA

Listen to the announcements and answer the questions

1a What has the lady announced? ______________________________

b To which lines can you change? ______________________________

2a Does the announcement concern arrival or departure?

____

b State the time and platform ______________________________

3a The arrival of which flight is being announced?

____

b What is Mr. Gómez Gaviota being asked to do?

____

4a When is the 9.30 coach to Toledo now expected to leave? __________

____

b What may the passengers do and where should they go if they want to do this?

_ _

_ _

5a What are drivers asked to do? ______________________

b Where and why? ______________________

6a Why will drivers have to be careful on coastal roads? ______________

____

b What is expected in the evening? ______________________

____

B ESCUCHA Y CONSTESTA

1 The speaker gives three reasons for the large number of road accidents in the summer.

a ______________________________________

b ______________________________________

c ______________________________________

What solution is offered?

d ______________________________________

2a The speaker says that there are ______ underground (tube) stations in Madrid.

b She says that there are not many ______________ and that most people travel ______________.

c She considers the service to be ______, ______ and ______ .

3a This lady has flown with Iberia ______ times and ______ with Aviaco.

b She thinks Aviaco belongs to ______ and that Iberia flies to all ______ .

c She considers Iberia to be ______________________ .

4a This lady prefers to get around Madrid by ____________________.

b She buys a special pass which has ______ tickets and it is cheaper

____.

c She can get on and off without having to ______________________

____.

d Some buses still have ______________________________.

5a The speaker once travelled from Algeciras to ________ by ________.

b They travelled like __________, it was _________ and she arrived.

_____________________.

6a In Spain it is like ______________________________.

b The city streets belong to the __________________________.

c However he accepts this because ________________________

____.

d Streets to them are like his __________________________ to him.

MUNDIAL > *Read pp 114, 115*

C

Read the script of the above exercise in Español Mundial (Unit 7) and fill in the following exercise with the words from the suggested list

turismo, pasan, españoles, autopistas, España

1a Hay muchos______ trabajando fuera de __________________.

b En verano hay mucho __________________________ en España.

c Los portugueses y los marroquíes ___________________ por España.

d No hay bastantes ______________________________ en España.

sucias, frecuente, barato, estaciones, hay

2a La gente viaja de pie porque no _________________ muchos asientos.

b El servicio es bastante ______ y _______________________.

c Las estaciones de metro no están ________________________.

d Hay un centenar de ______________________________.

importancia, tres, misma, importante, cuatro, todos, única, cinco

3a La señorita ha viajado ______ veces con líneas aéreas españolas.

b Aviaco e Iberia son de la ______ compañía.

c Iberia tiene vuelos a ______ los continentes.

d Iberia es una línea aérea muy ______ .

billetes, pagar, cobradores, autobuses, conductores, bono

4a El hombre prefiere utilizar los ______ en la capital.

b Es más barato comprar un ______ , que comprar los ______ uno a uno.

c Con el bono no hay que ______ al conductor.

d En todos los autobuses hay ______ pero no en todos hay ______ .

última, cansadísima, primera, tren, lleno, Francia, calor

5a La señora viajó de España a ______ en ______ .

b Dice que fue por ______ y ______ vez.

c El tren estaba muy ______ y hacía muchísimo ______ .

d Llegó a París ______ .

dueños, normal, es, taller, calles, están

6a El señor dice que trabaja en un ______ .

b Los taxistas son los ______ de las ______ .

c El señor considera esto ______ porque los taxistas ______ conduciendo todo el día.

d España ______ como todos los países del mundo.

MUNDIAL D, E, F, G, H

D Escribe en el orden correcto

Reorder the following sentences so that they form a logical account of the day of departure from England to a holiday in Spain

Pasamos por la aduana española sin problemas.
Recogimos la llave en recepción.
Fuimos al aeropuerto en taxi.

Hicimos las maletas antes de desayunar.
Llamaron el vuelo a los diez minutos.
No comimos nada durante el vuelo.
Tomamos un taxi del aeropuerto al hotel.
Nos levantamos bastante temprano.
Aterrizamos en Alicante a las cuatro en punto.
Subimos a la habitación, descansamos un rato y bajamos a las siete a tomar una copa.

E MI VIAJE A ESPAÑA

When you have reordered the account above, rewrite it as if you had been travelling alone. Start with "Me levanté bastante temprano".

F Y AHORA TÚ

Describe a journey you have made recently using Exercise D to help you

MUNDIAL > I, J, K

G ORAL/ESCRITO

1 ¿A qué distancia vives del colegio?

____

2 ¿A qué distancia está tu casa de Correos?

____

3 ¿A cuántas paradas de autobús está tu casa del instituto?

____

4 ¿A cuántas horas estás de Madrid en avión?

____

5 ¿A cuántos minutos está tu casa de la parada del autobús?

____

6 ¿A qué distancia está tu casa del hospital?

____

7 ¿Vives a más de quince minutos del centro?

____

8 ¿Cómo irías al instituto si vivieras a 20 kilómetros?

____

H ESCUCHA Y ANOTA

Listen to the conversations and note down the information sought and the answers given to each request

1 Information sought: ______________________________

Response given: ______________________________

2 Information sought: ______________________________

Response given: ______________________________

3 Information sought: ________________________________

Response given: ________________________________

4 Information sought: ________________________________

Response given: ________________________________

5 Information sought: ________________________________

Response given: ________________________________

6 Information sought: ________________________________

Response given: ________________________________

MUNDIAL L, M

I ESCUCHA LO QUE NOS CUENTA ANA Y RELLENA LA VERSIÓN ABAJO

Listen to the tape and complete Ana's views on her travel plans

Ana Pérez Montoto

Bueno, el avión ______ a las siete y media de la tarde, creo.

Y ______ las cinco y todavía estoy en Londres. Tengo que ______ el coche, ______ todo el equipaje, ______ al aeropuerto y . . . ______ llegar a tiempo. Me gusta siempre ______ con mucho tiempo de adelanto, porque puede ______ cualquier cosa, un atasco o un pinchazo o cualquier avería en el motor y prefiero ______ esperando allí, aunque no haga nada pero ______ allí sabiendo ya que no va a ______ nada por mi culpa. Y esto yo creo que somos en mi familia todos iguales; ______ con mucho de tiempo de adelanto y ______ primero a los sitios y ______ antes de que te tengan que esperar a ti. Mi abuelo ______ igual. Me acuerdo perfectamente de que, bueno, si tenía que ______ un tren a las diez de la noche, pues a las ocho ______ en la estación ya; y ______ allí o lo que fuera, pero se iba tres horas antes de casa para no ______ luego problemas.

J LEE Y CONTESTA LAS SIGUIENTES PREGUNTAS

Read the account Ana gives of a bad travelling experience and answer the questions below

Me acuerdo una vez que bajé del tren en Madrid, en Chamartín, y tenía que coger un avión para Londres me parece que era, y el tren llegó tarde. El avión salía a las diez de la mañana. Tuve que coger un taxi y en la autopista había un control de policía porque aquella misma noche habían asesinado a alguien, algo de terrorismo y entonces paraban a todos los coches en la autopista pidiendo documentación, y bueno, fatal, un atasco terrible. Y la angustia que pasé pensando que no llegaba a coger el avión, y la cuenta del taxi que pagué, que fue pues, bueno, miles de pesetas. Al final ya dije que no volvía a hacerlo más. Si tengo que coger un avión a las diez de la mañana, pues no sé, salgo de casa a las ocho de la mañana pero no me arriesgo a llegar tarde. Me gusta estar en la misma ciudad en la que va a salir el avión. Y, bueno, eso es todo, espero que hoy no me pase nada así, que llegue bien al aeropuerto y pueda hacer algunas compras en la tienda libre de impuestos y gastar el último dinero inglés que tengo.

1 What problems did Ana have in Chamartín?
2 When was the plane leaving?
3 What happened on the motorway?
4 Why were people being asked for their 'papers'?
5 Why was Ana so anxious?
6 What did she promise herself?
7 Where does Ana like to be on the day she is flying?
8 What is she doing today?
9 What kind of shopping would she like to do?
10 What does she want to get rid of?

K Busca las respuestas a las siguientes preguntas al final del ejercicio y después contesta las mismas preguntas con respecto a ti

Find the replies given to the questions below at the end of the exercise and then answer the same questions about yourself

1 ¿En tu ciudad hay metro?

_ _

2 ¿Qué método de transporte prefieres?

_ _

3 ¿Tenéis coche en la familia?

_ _

4 ¿Quién sabe conducir en tu familia?

_ _

5 ¿Tienes bicicleta?

_ _

6 ¿Tienes carné de conducir?

_ _

7 ¿Te gustaría conducir un camión?

_ _

8 ¿Has presenciado algún accidente de carretera?

_ _

9 ¿Hay muchos embotellamientos en tu ciudad?

_ _

10 ¿Hay muchas zonas de estacionamiento en tu ciudad?

_ _

11 ¿Hay un solo precio en el autobús o se paga según la distancia?

_ _

12 ¿Has viajado alguna vez en avión?

_ _

13 ¿Has ido a España?

_ _

14 ¿Cuándo fuiste?

_ _

15 ¿Cómo irías de tu casa al aeropuerto?

_ _

Prefiero el tren.
No, no tenemos, pero mi prima tiene uno.
No, porque hay muy poco tráfico.
Sí, hay muchas.
50 pesetas, la distancia no importa.
No, nunca.
Sí, dos veces.
No. ¡Sólo tengo catorce años¡
Sí, he ido dos veces.
Fui una vez en 1986 y otra vez hace tres semanas.
No, no hay.
Iría en autocar.
No, pero tenía una cuando tenía coche y una moto también.
No, pero tenía una cuando tenía unos once años.
Mi madre, pero no tiene coche.

MUNDIAL N, O, P, Q, R, S, T, U, V, W, X

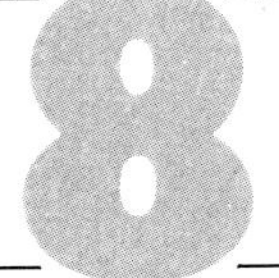

De vacaciones

A ESCUCHA Y ELIGE LA RESPUESTA ADECUADA

Listen to the tape and choose the correct answer

1 The date is
a any day in August.
b the first of August.
c some time in the Spring.

2a Cars are leaving Madrid at 200 kilometres an hour.
b There are over 20,000 vehicles on the coasts of Spain.
c Over 20,000 cars per hour are leaving for the coast.

3 The Ministry of Transport is hoping that
a there will be fewer accidents on the coast.
b that people will report accidents in the same way as they have done in the past.
c that there will be fewer accidents than there usually are at this time of year.

B ESCUCHA LA CONVERSACIÓN Y ELIGE LA RESPUESTA ADECUADA

Listen to Clara's account of the holidays and choose the correct information

1 Clara states that
a the journey was long, the hotel was clean and the food was excellent.
b although the hotel was clean, the dining-room was situated in a stupid position.
c the journey was far too long only to arrive at such a poor quality hotel.

2 The children spent all day
a going up and down to the pool.
b swimming and playing with the lift.
c in bed because they had broken the lift.

3 Clara's husband
a went on a two-day donkey-ride.
b soon got bored and wanted to come home.
c looked after the children for the first two days.

C ESCUCHA LA LLAMADA TELEFÓNICA Y ELIGE LA RESPUESTA ADECUADA

1 Enrique is calling from
a a phone in his cabin.
b a coin-box in Spain.
c a coin-box in England.

2
a Clocks are an hour ahead in Spain.
b Clocks are an hour ahead in England.
c It is now 8.30pm, London time.

3 Sandra will be
a waiting at Victoria station.
b making her own way from Victoria station.
c making dinner for Enrique.

D ESCUCHA LO QUE NOS CUENTA TRINI DE SUS VACACIONES Y ELIGE LA RESPUESTA ADECUADA

Listen to Trini's holiday plans and choose the correct information

1 Trini would like to spend
a a month in a sunny place.
b a month in the south of Spain.
c as long a time as she is able to with the money she has.

2 She has the option of
a going first to Málaga.
b staying with her cousins in Málaga.
c staying in a house near Málaga.

3 She thinks that her aunt is
a a good swimmer
b not very nice and sometimes unbearable.
c very pleasant and supportive.

4 She will have to
a pretend she is over sixteen.
b spend the entire holiday going out at night.
c giving every detail of her movements.

F, G, H, I

E ESCUCHA Y ANOTA

En el camping: You are planning your summer holiday and ring up one of the campsites you intend using. You get through to a prerecording of some basic information. See if it gives you the answers to all your queries and complete your list. If you still cannot answer everything put a ? next to the facts you have not been given.

daily cost of tent ________________________________

cost of showers ________________________________

dining-room open ________________________________

car-parking capacity ________________________________

cost of parking the car ________________________________

hot water available ________________________________

supermarket open ______________________________

nearest tourist office ______________________________

En el hotel: You have arrived in a school group at your hotel where you are given a few details about the hotel to help you settle in. Note down the information you are given about the following.

Passports ______________________________

Breakfast ______________________________

Lunch ______________________________

Dinner ______________________________

Hotel facilities ______________________________

Your bedroom ______________________________

El Tiempo:
Listen to the weather forecast and put the correct symbols on the map below

C calor
C mucho calor
f frio
F mucho frio
despejado
nubes alternas
muy nuboso
cubierto
lluvias
nieves
vientos
vientos fuertes
sol
mucho sol

AYUDA

hay que *you have to*
el yate *yacht*
la orilla *water's edge*

F ESCRIBE

Write out the story filling in the blanks by using a word from the square. The first letter of each word is on the square indicated.

	1	2	3	4	5	6	7	8	9	10
a	V	A	C	A	C	I	O	N	E	S
b	E	P	A	N	O	A	R	E	N	A
c	R	I	O	H	N	D	L	B	B	T
d	A	E	R	O	P	U	E	R	T	O
e	N	D	I	T	L	A	O	O	L	A
f	E	R	L	E	A	N	D	E	L	L
g	A	A	L	L	Y	A	T	E	O	L
h	R	P	A	L	A	C	O	S	T	A

Me gustan las (1a) ______ y siempre voy (5a) ______ mi hermanito a (la) ______ a un (4c) ______ en (4h) (6h) (7f) (8h) ______ porque mi tío tiene un (5g) ______ allí. Pero la verdad es que no me gusta mucho la (5d) ______ . Voy un momento hasta la (3c) ______ y meto un (2b) ______ en el agua. Luego me siento sobre mi (10c) ______ , (10b) ______ mi libro y (7c) ______ un rato. Mi hermanito juega con su (2h) ______ en la (6b) ______ . Le gusta tirar (2b)+s ______ al mar, pero teme las (8e) + s ______ grandes. Vamos en avión. El (4c) ______ está cerca del (1d) ______ y como no hay que pasar por la (6b) ______ , llegamos pronto. Pero este año vamos al (lc) (8b) ______ a pescar.

G RELLENA

Complete the following postcards

tres dos martes individual agosto semanas doble Smith

Estimado Sr:

Quisiera reservar ______ habitaciones en el Hotel Flamenco a nombre de ______ . Somos ______ personas: mis padres y yo, así que es una ______ y una ______ . Llegaremos el ______ , día 3 de ______ y estaremos dos ______ .

Le saluda atentamente,

Claudette Smith

Querido Antonio:

Unas palabras para decirte que llegaré el ________________ a las _______________ en el _____________ 127 de Iberia desde Birmingham

Te veré en el ___________________

Hasta pronto

Ian

H RELLENA

Complete the letter Vicente is writing home using the following words

estáis son billar mal jueves tiempo simpático muy
bien familia pasando ordenador playa aquí doce

Brighton, 27 de julio

Queridos padres:

¿Cómo ______ ? Yo estoy muy ______ .Lo estoy ______ estupendamente bien con la ______ inglesa. Paul es muy ______ y está ______ un primo suyo con nosotros que también tiene ______ años. No vamos a la ______ porque hace muy ______ tiempo pero he aprendido a jugar al ______ y también pasamos mucho ______ aprendiendo cómo utilizar el ______ nuevo de Paul. Las comidas inglesas ______ un poco raras pero los domingos comemos ______ bien.

Escribiré otra vez el ______

Un abrazo muy fuerte,

Vicente

MUNDIAL J, K, L, M, N, O,P

I ESCUCHA LAS CONVERSACIONES

Listen to the conversations and note down the relevant information

1 Fill in the details of the hotel prices and the reservation slip:

HOSTAL/RESIDENCIA CASTILLO

PRECIOS	con baño	con ducha
Individual	______	______
Doble	______	______

HOSTAL/RESIDENCIA CASTILLO

Fecha: ________________ Noches: ________________

Individual Sr./Sra./Srta ________________________________

Doble Sr./Sra./Srta. ________________________________

Hora estimada de llegada: ________________________________

2 Contesta:

a What is the man looking for? ________________________________

____

b Why is he rather desperate? ________________________________

____

c How far does he have to travel to the next site? ________________

____

d What is he advised? ________________________________

____

e Where can he find a petrol station? ________________________

____

3 Rellena:
Fill in the missing information on the tour leaflet in the spaces marked with a cross

RESUMEN DE EXCURSIONES — SALIDAS DIARIAS

	Excursiones	Tour N.°	Salidas	Precios
MADRID	ARTISTICO (Mañana)	C 1	9.45	2.600
	PANORAMICO (Tarde)	*	15.30	1.700
	TARDE DE TOROS	T 3	Consultar	3.700
	CENA FLAMENCA	T 4	*	6.900
	CENA SCALA	T 5	*	*
	TODO EL FLAMENCO	*	*	5.100
	VIVA LA NOCHE	T 7	22.00	6.600
TOLEDO	Medio día, mañana	C 8	8.30	2.500
	Medio día, tarde	C 9	15 – 15.30	2.500
	Todo el día	C 10	*	*
	TOLEDO-ARANJUEZ	C 11	8.30	4.900
	TOLEDO-EL ESCORIAL-VALLE DE LOS CAIDOS	C 12	8.30	5.500

Excursiones	Tour N.°	Salidas	Precios
EL ESCORIAL-VALLE DE LOS CAIDOS			
Medio día, mañana	C 13	8.30	2.500
Medio día, tarde	C 14	15 – 15.30	2.500
Todo el día	C 15	9.45	4.100
AVILA-SEGOVIA-LA GRANJA	C 16	8.30	5.500
AVILA-SEGOVIA-LA GRANJA	C 17	8.30	* *
ARANJUEZ Medio día, tarde (Abril a octubre)	C 18	15.00	2.200
SALAMANCA (1 día) (Mayo a septiembre)	T 19	7.30	6.600

MUNDIAL Q, R, S, T

J

Lee el artículo otra vez y rellena el horario de la visita a Cádiz

Reread the article in Mundial, p. 150, on the students visit to Cádiz and complete their programme

	19	20	21
Mañana	__________	Tarifa ____	__________
Tarde	Jerez ______	__________	__________
	Bodegas ______	__________	__________
Noche	__________	__________	__________
	__________	__________	maletas ______

K

RELLENA

Complete the following account of a similar trip planned for a group of students

Lunes, 13 de julio:

Por la mañana visitarán el ______________________

y después de almorzar irán a la  __________ antes de visitar la parte vieja de la ciudad con posibilidad de sacar _________.

Martes, 14 de julio:

___________ se levantarán, visitarán la ______

y el  _____ y después de un almuerzo ligero cogerán el

______ a la  ______ donde se reunirán con un grupo de

estudiantes españoles. Tendrán ______ horas ______libres

para tomar el  ______y bañarse. Volverán al  _____,

se cambiarán, y saldrán para una  ______ en un restaurante

cercano con sus  ______ españoles.

Miércoles, 15 de julio:

Mañana libre. Por la tarde habrá un programa de __________

y los estudiantes tendrán que escoger los que les gustan. Por ejemplo, el

______, la  __________,

el __________ y la  ________.

____________ volverán al hotel para una __________.

L ESCRIBE

Rewrite the account of this trip as if you had taken part in it. Start:

Lunes, 13 de julio:

Por la mañana **visité** ______________________________________

Guía Rápida de Londres

Indice

Director Cyril Palmer
Director adjunto
Rose-Marie Bech
Disenador Clive Rumble
Illustraciones Peter Bartle

NOTA IMPORTANTE

Sa ha hecho todo lo posible para lograr la máxima exactitud en esta publicación, pero como a menudo ocurren cambios en precios, servicios y horarios después de la fecha de impresión, es siempre aconsejable confirmar dicha información. La British Tourist Authority no se hace responsable de posibles errores u omisiones

M *List the pages on which you would find information about*

1 shopping ____________________________

2 sporting facilities ____________________________

3 what to do on a Sunday ____________________________

4 trips and tours ____________________________

5 where to eat ____________________________

6 evening entertainment ____________________________

7 events for children ____________________________

8 open spaces in the capital ____________________________

9 art and sculpture ____________________________

10 the Thames and the canals ____________________________

N *Read the following extracts. Which chapter is each most likely to come from?*

a ______________________________________

b ______________________________________

c ______________________________________

d ______________________________________

e ______________________________________

f ______________________________________

g ______________________________________

h ______________________________________

a. Si está de vacaciones en Londres, lo más probable es que piense gastar buena parte de su dinero en compras y regalos para su familia y amistades. Le aconsejamos que dedique por lo menos un día entero a ir de compras.

b. Moda Juvenil . . . . . Grandes almacenes y Galerías . . . . . Antigüedades . . . . . Ropa clásica . . . . . Cuero y ante . . . . . Juguetes . . . . . Zapaterías.

c. La mayoría de los parques tienen canchas de tenis y recintos para jugar a los bolos y en algunos hay campos de golf miniatura. Para los aficionados a la natación, os recomiendan las excelentes piscinas municipales.

d. Información turística
Información telefónica
Servicios telefónicos especiales
Publicaciones útiles
Alojamiento
Reserva de hoteles

e. **MAÑANA.** Vaya en Metro (estación Tower Hill) a la Torre de Londres, que es uno de los recorridos más interesantes de la ciudad. Podrá visitar la armería, las Joyas de la Corona y la famosa colección de uniformes y objetos históricos.

ALMUERZO Y TARDE. Puede almorzar en el restaurante del parque zoológico de Londres y pasar la tarde observando una de las mejores colecciones del reino animal que existe en el mundo.

NOCHE. Posiblemente le apetezca volver al teatro o al cine. O siempre puede ir a un club nocturno o a una discoteca.

f. Durante toda la primavera, verano y otoño se realizan en Londres excelentes excursiones de autocar acompañados por guías. Se puede pasar un día en el valle del Támesis o visitando las catedrales de Canterbury o Salisbury o las universidades de Oxford y Cambridge, Hay excursiones de un día entero o de dos o tres días a la Tierra de Shakespeare. En alguno se incluyen entradas para el teatro.

g. **CAMBIO DE LA GUARDIA**
Una de la ceremonias más conocidas y pintorescas de la Gran Bretaña. Ceremonia a caballo, lunes a sábado a las 11.00, domingos a las 10.00. (horario sujeto a alteraciones) Se recomienda llegar temprano.

h. El Támesis forma gran parte del encanto de la capital. Desde el río se puede contemplar muchos de los edificios históricos más importantes de Londres. De abril a septiembre funcionan servicios regulares de lanchas motoras todo a lo largo del río, desde el embarcadero de Westminster hasta Kew.

9

Comida, compras y cosas así

A ESCUCHA LAS CONVERSACIONES Y CONTESTA LAS SIGUIENTES PREGUNTAS

Listen to the conversations and answer the questions

1a What does the caller wish to reserve?

____

b What is suggested and why?

____

c What decision does he make?

____

2a How many people is the waiter serving? ______________________

b What is ordered as a first course? __________________________

c Why does the father object to what the mother has ordered for the child?

____

d What does the child feel about it?

____

e How does the father react to the child's comment?

____

f What do they drink? ________________________________

g What does the mother say about the dessert? __________________

3a Teresa wants Andrés to buy: fruit, bread, butter, sugar, milk, white wine, red wine, crisps, lamb (underline)

b She suggests that perhaps he should buy ____________________ ________________ because it is ________________ .

c He has obviously ____________ and tries to ____________ .

d Before hanging up she says that he is always too ________________

B UNE

Look at the list of shops and match them up with the objects you need to buy

1	Frutería	arroz y aceite
2	Estanco	aspirinas y tiritas
3	Librería	cerillas y cigarrillos
4	Pescadería	un par de botas
5	Perfumería	un kilo de naranjas, una sandía
6	Tienda de comestibles	un mapa y un diccionario
7	Carnicería	sardinas y mejillones
8	Farmacia	dos chuletas de ternera
9	Calzados	tres panecillos y una barra
10	Panadería	jabón y agua de colonia

____

____

____

____

____

____

____

____

____

____

Manuel: —¿Vamos a tomar una copa?
Lisa: —A estas horas no. Prefiero churros con chocolate.
Manuel: —Odio los churros. A mí a las seis me gusta beberme una caña.
Lisa: —Muy bien, tú tomas lo que quieras. Para mí, la merienda tiene que ser churros con chocolate. Vamos al Bar Tomás.
Manuel: —No, por favor, al Tomás, no. Siempre está muy lleno y no puede uno sentarse.
Lisa: —¿Me puedes decir cuál no está lleno por aquí?
Manuel: —Por aquí están todos llenos, pero vamos detrás de la plaza y allí hay algunos muy tranquilos.
Lisa: —¡Eso sí que no! Por allí van mis padres y no quiero que nos vean.
Manuel: —¿Tanto miedo les tienes?
Lisa: —No, miedo no . . . respeto, porque tú siempre vas tan mal vestido . . .
Manuel: —Mira, hija. Olvídate, yo no voy a cambiar mi manera de ser para ganarme a tus padres. Hasta mañana.

C LEE LA CONVERSACIÓN Y ANOTA

Read the conversation and note down all the areas of disagreement between Manuel and Lisa

Manuel's		*Lisa's*	
dislikes	*likes*	*dislikes*	*likes*

MUNDIAL C D

D ESCUCHA LA CINTA Y ELIGE LA RESPUESTA ADECUADA

Sr. Miranda's day at the office

1 Before talking to the boss, Mr. Miranda
- **a** has a coffee.
- **b** never has anything.
- **c** talks to his girlfriends.

2 He starts typing
- **a** after he speaks to his boss.
- **b** after he has had a coffee.
- **c** after he has finished his coffee.

3 Before setting out for lunch he rings the bar to
- **a** reserve a table.
- **b** he rings his fiancée.
- **c** he tidies up the office.

4
- **a** They both drink wine at the bar.
- **b** He has a sandwich.
- **c** She drinks wine and has a sandwich.

5 He buys a daily paper
- **a** on leaving the bar.
- **b** outside the office.
- **c** when he gets off the bus.

6 When he gets back to the office
- **a** his mother rings him up.
- **b** he starts to work immediately.
- **c** he rings up his mother.

7 He then works
- **a** until his mother rings him.
- **b** until half past five.
- **c** until five thirty or six o'clock.

8 When he arrives home
- **a** he has supper.
- **b** he opens a bottle of wine.
- **c** he sometimes opens a bottle of wine after making supper.

E La familia de Ernesto va todos los domingos a tomar un aperitivo antes de comer. Van a un bar que tiene las mejores tapas del pueblo. A los niños les hace mucha ilusión sentarse y comer a base de raciones y beber vino con gaseosa. La hija mayor siempre toma media ración de calamares fritos y albóndigas en salsa. Al padre le gustan las patatas bravas y los calamares en su tinta. Al menor y a la madre no les gusta el pescado, así que toman unos pinchos morunos y una ración de jamón serrano. Ernesto sólo toma olivas y cacahuetes porque sabe que los demás toman tantas tapas que cuando vuelven a casa, no comen nada y así hay más para él. La abuela no prueba nada fuera de casa.

AYUDA

las albóndigas *meatballs*
los calamares *squid*
los pinchos morunos *tiny kebabs*
el jamón serrano *cured ham*
el cacahuete *peanut*

LEE Y CONTESTA LAS SIGUIENTES PREGUNTAS

Read about Ernesto's family's Sunday outings and answer the questions

1 What does Ernesto's father have?

____

2 Is Ernesto the eldest?

____

3 How many children are there in the family? ____________________

4 Write down what they each eat: __________________________

Father	Ernesto	Mother	Younger sister	Other sister	Grandmother

Imagine you are Ernesto. Write an account of the above.

Start: "El domingo fui con mi familia ______

MUNDIAL E F

F ORDENA

Reorder this account of the things Carmen did yesterday morning. Start with: "Se despertó a las siete . . ."

fue al cuarto de baño
preparó el desayuno
se lavó
llegó al colegio
comió pan con mantequilla y mermelada
compró el periódico
se levantó bastante temprano
cogió el metro
se cepilló los dientes
salió de casa
escuchó la radio en la cocina
encontró a dos de sus amigos
sacó la basura
tomó un café con leche

____

____

____

____

____

____

____

____

____

____

G ESCRIBE EN PRIMERA PERSONA SINGULAR

Now rewrite the account as if you were describing your morning
Remember: llegué *etc.*

____

____

____

____

____

____

____

____

____

____

MUNDIAL G, H, I, J

H REPASO. RELLENA

Revision. Complete the sentences with the following words
a al a la a los a las

1 Voy ______ mercado ______ nueve de la mañana.

2 Los lunes salgo de compras ______ siete y vuelvo ______ ocho.

3 No voy ______ Sevilla porque está ______ tres horas y media de Málaga.

4 La madre besó ______ bebé y salió ______ calle para hacer la compra.

5 Voy ______ parque porque allí venden helados.

6 El tío le regaló ______ José un ordenador.

7 Le compró un regalo ______ hermana de su novia.

8 ______ entrar en la tienda vio ______ su madre.

9 El padre castigó ______ hijos por gastar tanto en chucherías.

10 Lo compré pero no lo envié ______ Madrid sino ______ Valladolid.

I ESCUCHA LAS CONVERSACIONES Y CONTESTA LAS SIGUIENTES PREGUNTAS

Listen to the conversations and answer the questions

1a What information is the lady seeking?

____

b What is she told?

____

2a Why does the lady want to forget “ayer”?

____

b How did she carry her shopping back home?

____

c Why did she overdo it?

____

d What different types of shops are mentioned?

____

e What will she not do in the future?

____

3a The lady wants to buy a ______

b The price is ______ pesetas.

c She could choose to pay ______ instalments of ______ pesetas.

d If she puts down ______ pesetas now, she can ______ and they will give her ______ as a present.

4 The fire caused damage to:

(tick) a chemist _________ a grocer's _________

a nightclub _________ a restaurant _________

a hardware store _____ a bank ___________

J UNE Y APRENDE

Write out the Spanish and the equivalent English phrase and then learn them

¿Me puede decir . . . ?	*a drink and snacks*
es tan fácil	*I'd like to reserve*
completo	*for some other day*
un aperitivo	*Can you tell me . . . ?*
de primero	*I'll never go back*

¿A qué hora?
para otro día
no vuelvo más allí
quisiera reservar
hay de todo
es cierto
¡claro que no!
no tengo hambre

At what time?
it is correct
of course not!
full up
they have everthing
it's so easy
for a first course
I'm not hungry

K UNE Y ORGANIZA

Match up the following questions and answers and put them in the correct order to make a sensible conversation

¿Cuánto cuesta el grande?
¿Está abierta?
¿Tiene algo para el dolor de cabeza?
¿Desea alguna otra cosa?
¿Hay una farmacia por aquí?
¿Alguna cosa más?

Cuesta 200 pesetas
Sí, hay una en la plaza allí enfrente y otra en la calle de San Juan, aquí a mano derecha.
Sí, pero cierra dentro de diez minutos.
Sí, tengo aspirinas. Cajas de treinta o sobres de diez.
Quisiera algo para el catarro.
No, gracias. ¿Cuánto es?

MUNDIAL K, L, M, N, O, P, Q, R, S, T, U, V

AYUDA

el edredón *eiderdown*
la campaña *campaign*
aumentar *to increase*
duro/a *hard*
blando/a *soft*
el diseño *design*
el duro *5 pesetas*
el mostrador *counter*
(productos) lácteos *dairy (products)*

L ESCUCHA LOS ANUNCIOS Y RELLENA LOS DETALLES

Listen to the announcements and answer the questions

1a «Actioli» is to be used when ____________________________

____

b Children under ______ should not take it.

c You are asked to ________________________________

____

2a Turrón will go down by ______ this ____________________

b Sales are likely to go up by ______ to __________________

3 Fill in the prices:

Potatoes ______ tomatos ______ hard turrón ______ tinned tuna ______ soft turrón ______ plastic bags _____.

4 The duvets/quilts advertised start at ______ pesetas and go up to ______ pesetas.

5a At what time is this announcement made? ____________________

b What reduction is offered in the price of cheese?

____

c At which counter can you find the cheeses? __________________

____

d Where will you go for other bargains in dairy products? ____________

M ORAL/ESCRITO

¿Dónde se puede
1 comprar gasolina?
2 comprar billetes de avión?
3 cambiar dinero?
4 escuchar música?
5 comer barato?
6 esperar la llegada del tren?
7 nadar?
8 comprar algo para la gripe?
9 echar postales y cartas?
10 estacionar?

N Con tu compañero/a:

Ask each your partner questions beginning ¿Dónde se puede . . ? *for which he/she can use the following pictures to give a correct answer*

Ejemplo:
Q ¿Dónde se puede comprar carne?
A En la carnicería

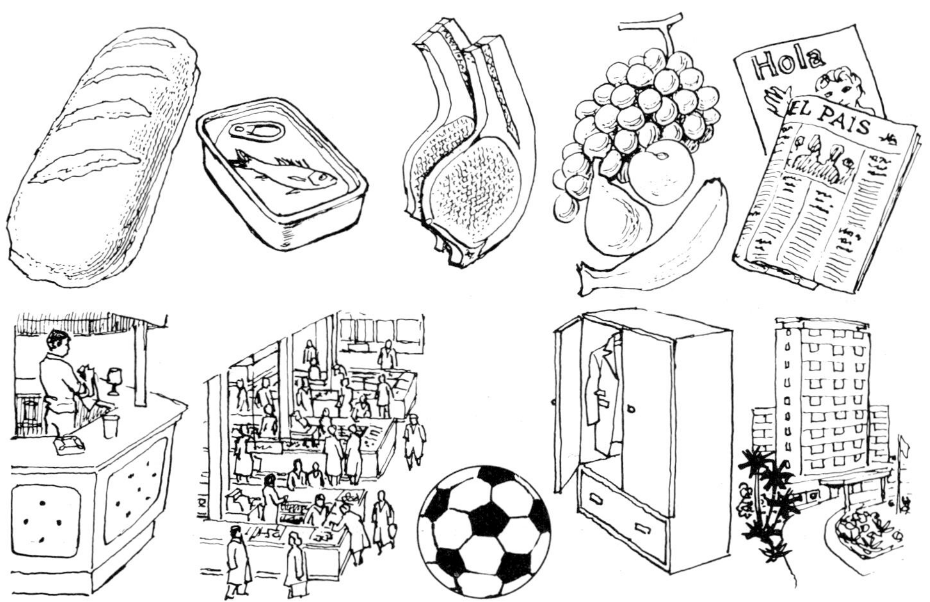

10

Me llevo bien . . . no me llevo bien

AYUDA

los quehaceres *housework*
aparecer *to appear*
quejarse *to complain*
de casado/a *of being married*
casarse (con) *to get married (to)*
trasladarse *to move*
dar vergüenza *to be embarrassed*
hacer caso *to pay attention to*

A ESCUCHA Y CONTESTA LAS SIGUIENTES PREGUNTAS

Listen to the tape and answer the following questions

1a The speaker claims that she is the only one at home _____________

____

b She says that her brother only shows up to ___________________

____

c Her sister has no time because __________________________

____

d Her father goes into the kitchen only _____________________

____

2a The speaker says that his parents _________________________

____

b although his father _________________________________

____

c His father has never _______________________________

____

3a The speaker says that she and her husband met _______________

____

b They married after _______________________________

c Their _______________ was born _______________ later.

d The _______________________________ when they _______________________________________

4a The boy says that he is _______________________________ and _______________ to people he _______________

b He has been _______________________________ and does not _______________________________________

c He is fond of _______________________________ but _______________________________

B EL BAILE:

Cuando Rosita llegó al baile Juan estaba bailando con Amelia. Juan y Amelia no la vieron entrar y continuaron bailando. Al terminar la canción volvieron a la mesa, donde había muchos vasos de cocacola y estaban todos los bolsos de las chicas. Rosita llamó al camarero y pidió una cocacola. Mientras tanto Amelia fue a llamar a su madre por teléfono. Entonces Juan vio a Rosita y le saludó. Primeramente no contestó pero pronto decidió hablar.

—¿Con quién bailabas?

—Con Amelia —contestó Juan.

—¿Por qué no me esperaste? — preguntó Rosita.

—Porque ya eran las diez. Miré por todo el salón y no te encontré. Después vi a Amelia sola y decidí bailar con ella.

En este momento volvió Amelia y se sentó en la silla entre Rosita y Juan. Rosita se levantó en seguida, cogió su bolso, dejó cien pesetas para pagar la cocacola y salió corriendo de la sala. Juan nunca más vio a Rosita.

LEE LA HISTORIA Y CONTESTA LAS SIGUIENTES PREGUNTAS

When you have read the story answer the following questions

1 ¿Con quién bailó Juan?
2 ¿Qué hicieron cuando terminó la canción?
3 ¿A quién llamó Rosita y por qué?
4 ¿Adónde fue Amelia?
5 Cuando Juan le habló ¿le contestó Rosita en seguida?
6 ¿Dónde se sentó Amelia al volver a la mesa?
7 ¿Qué hizo Rosita cuando Amelia volvió?
8 ¿Cómo salió de la sala?

C ESCRIBE

Imagine you are Rosita and write an account of what happened that evening. Start with: "Llegué al baile y vi a Juan y a Amelia . . ."

MUNDIAL D, E, F, G

D *All the boldened letters start adjectives which normally use the word* **'ser'**. *They read in all directions. Can you find them and use them in the sentences below?*

F	**A**	**N**	**T**	**I**	P	A	T	I	C	**O**
A	O	U	O	**N**	O	R	M	A	L	R
S	D	L	N	**T**	I	M	I	D	O	G
C	U	O	T	E	**U**	**M**	I	O	**N**	U
I	**M**	P	O	R	T	A	N	T	E	L
N	A	E	**C**	E	I	L	**C**	L	R	L
A	T	O	R	S	L	O	A	**A**	V	O
N	O	R	U	A	**D**	U	R	O	I	S
T	I	**G**	E	N	E	R	O	S	O	O
E	D	**L**	L	T	**F**	A	M	O	S	O
M	**I**	S	T	E	R	I	O	S	O	S

1 No me gusta hablar con él porque es muy ____________________

2 Es una película de ciencia ficción. Es ____________________

3 Voy a ir a la cita con el director porque es muy ________________

4 Me encanta hablar con él. Es tan ________________________

5 Los países de oriente son muy ________________________

6 Es muy ____________________ tratar tan mal a los animales.

7 Es ______________________________ , no puede hablar.

8 Ella no sabe nada, es ____________________________

9 Nunca sale con otras chicas, sólo con su novia. Es muy ____________

10 Gasta mucho dinero en sus amigos. Es muy __________________

11 No habla mucho. Es muy ____________________________

12 Es muy conocido por todo el mundo. Sí, es muy _______________

13 Ese libro es, __________________ porque lo compré yo y no tú.

14 Es más que severo con sus hijos, es ______________________

15 Es una chica ______________________ , como todas las chicas.

16 Por causa de la tormenta no jugaron el tiempo reglamentario así que es un partido ____________________________________

17 No sabe nada. Es un ____________________________

18 Es demasiado ____________________. No tengo bastante dinero.

19 Mide un metro 88. Es muy __________________________

20 Es muy intranquilo, muy ____________________________

21 Cree que es mejor que nosotros pero yo creo que es _____________

22 No es bueno, es __________________________________

23 No sirve para nada. No es muy _________________________

24 Es demasiado __________________ para reconocer sus defectos.

MUNDIAL APRENDE 88, H

E *Describe the illustrations using the phrases given below.*

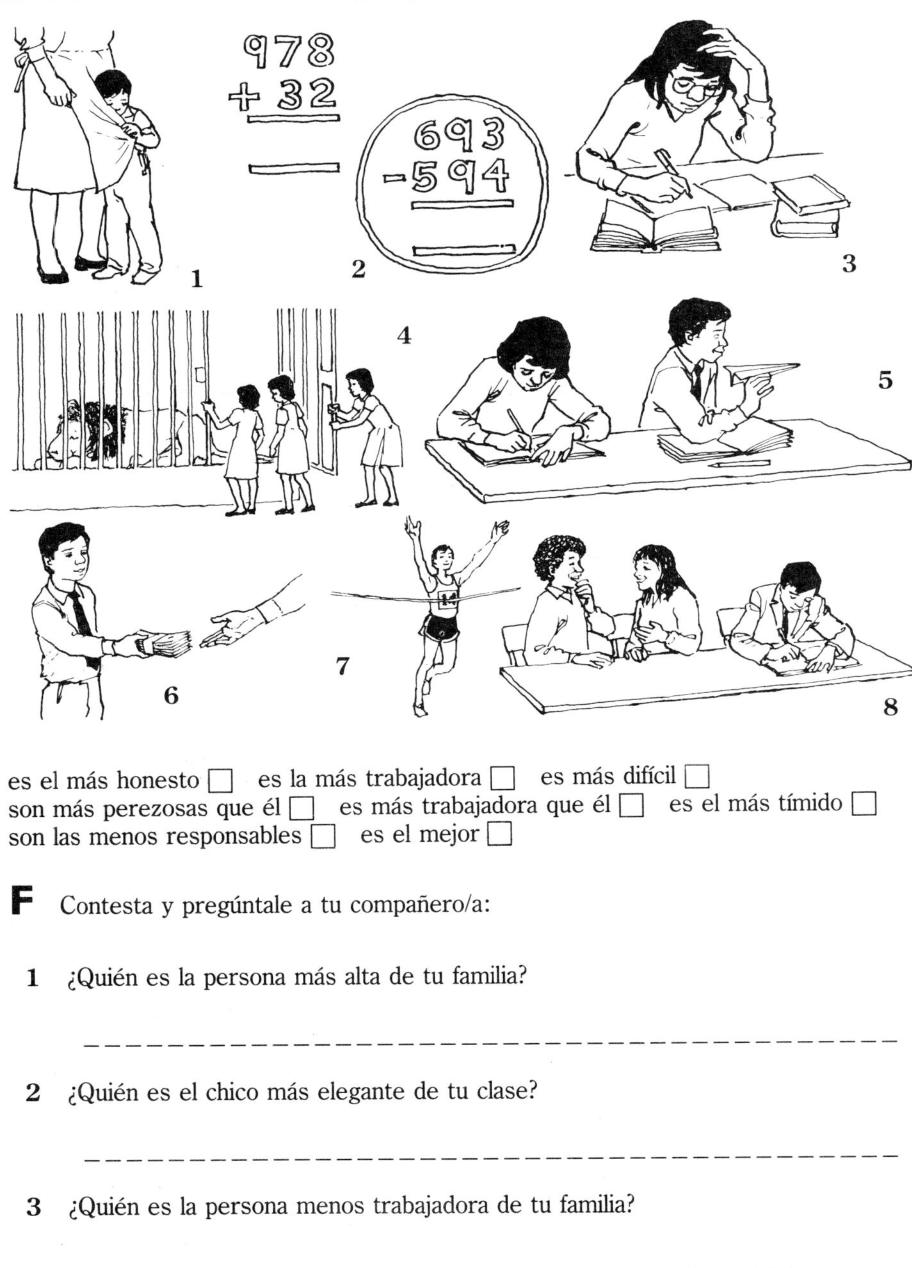

es el más honesto ☐ es la más trabajadora ☐ es más difícil ☐
son más perezosas que él ☐ es más trabajadora que él ☐ es el más tímido ☐
son las menos responsables ☐ es el mejor ☐

F Contesta y pregúntale a tu compañero/a:

1 ¿Quién es la persona más alta de tu familia?

_ _

2 ¿Quién es el chico más elegante de tu clase?

_ _

3 ¿Quién es la persona menos trabajadora de tu familia?

_ _

4 ¿Quién es la profesora más joven de tu colegio?

_ _

5 ¿Dónde está el hospital más cercano al instituto?

_ _

6 ¿Dónde están las tiendas más caras de la ciudad?

----

7 ¿Cuál es la asignatura más difícil que estudias?

----

8 ¿Cuáles son las asignaturas más interesantes?

----

9 ¿Cuáles son los programas mas divertidos que hay hay en la tele?

----

10 ¿Cuánto cuesta el coche más caro de Gran Bretaña?

MUNDIAL I, J, K, L, M

G ESCUCHA LA CINTA Y CONTESTA LAS SIGUIENTES PREGUNTAS

Listen to the tape and answer the following questions

1a Why did the speaker leave her job? ------------------------

----

b What did she do when she left? ------------------------

2a What is the speaker afraid of? ------------------------

b Why? ------------------------

c What does he do when he sees one? ------------------------

3a What was the problem with the speaker's boyfriend?

----

b What was she tired of doing? ------------------------

----

c What did she do one day? ______________________________

____

4a Where did the couple get married? ______________________

____

b Why there? _________________________________

c How did some of their relatives react? ___________________

____

d Why? _____________________________________

H POR TELÉFONO

Escucha la conversación y contesta las siguientes preguntas
Listen to the telephone conversation and answer the following questions

1 What did the operator say when asked if it was the Hotel Sevilla?

____

2 When was the lady ringing? __________________________

3 What did she say about Mr Bridge when the operator said he was not staying in the hotel? ______________________________

____

4 What was Mr. Bridge's room number? ____________________

5 What did the operator ask before putting her through to Mr. Bridge?

____

6 Why was Mrs. Rodríguez calling him? ____________________

____

7 What position did her husband hold? Where was he at the time and why?

____

8 What was going to be difficult because of the weather? ___________

____

I Pilar quiere ir al teatro con un amigo. Invita a seis chicos para asegurarse. Lee su carta y las contestaciones que recibe, y contesta las siguientes preguntas.

Querido __________ :
Tengo dos entradas para el teatro para mañana, sábado. ¿Quieres venir? Dímelo pronto.

Pilar

Pilar:
He quedado con Amparo para ir a una discoteca, pero voy a decirle que no voy.
Gracias
Martín

Querida Pilar:
Me encantaria ir pero los fines de semana voy al pueblo de mi madre. Lo siento. ¿Que te parece la semana que viene?
Javier

ODIO EL TEATRO, PILAR
¿POR QUÉ NO VAMOS A VER UNA PELÍCULA?
RICARDO

Pilar:
Sí, ¡cómo no!
Nos vemos a las siete a la entrada del metro.
Julián

Pilar:
He quedado con Mª José y creo que a ella no le gustaría mucho que saliera con otra.
Esteban

Los sábados trabajo en un disco-bar hasta las doce.
Miguel

1 Who suggests doing something else?
2 Who is not prepared to take a risk?
3 Who will not be in town?
4 Who would like to but can't?
5 What is Pilar's problem now?
6 ¿Quién puede perder una amiga?
7 ¿Quién va a estar el sábado con su amiga?
8 ¿Quién prefiere el cine?
9 ¿Quién está ocupado los sábados por la noche?
10 ¿Quién quiere ir otro día?

AYUDA

asegurarse *to make sure*
dímelo *let me know*
me encantaría *I would be delighted*
he quedado *I've arranged to meet*
ocupado/a *busy*
¡cómo no! *of course!*

J You have received the following invitation. Write four possible replies to it.

> **Querido/a ....**
>
> **Manaña es mi cumpleaños y quisiera ir contigo a una discoteca.**
>
> _

MUNDIAL > N, O, P

K UNE

Which picture best describes the Spanish?

1 entrad **2** entre **3** entra **4** no entren **5** no entres **6** entre **7** entren **8** no entréis

L UNE

To whom would you say the following? Choose from the answers given and write the correct letter in the space provided

1 No cruzen todavía.
2 Pasa
3 No grites más
4 No salgáis sin paraguas
5 No llame antes de las ocho
6 Pase
7 Cuidad al bebé
8 No bajen por las escaleras

a To your sisters on a rainy day.
b To someone you don't know who has rung up to speak to your father.
c To elderly neighbours advising them to use the lift.
d To two old ladies on the pavement.
e To a friend who has just arrived at your house.
f To your father's boss standing at your door.
g To your brother in the middle of a row.
h To your brothers who are babysitting.

M UNE

Form sentences by matching up the two parts and write the complete sentences out

1 Pon la mesa y
2 No hables más con ella
3 No compren en otras tiendas
4 Terminad los deberes
5 Salgan por la puerta del conductor
6 No beba mucho alcohol
7 Llame desde mi despacho
8 No lleguéis tarde porque
9 Venid pronto
10 Vuelve pronto
11 Sal de aquí
12 Pase ahora

a es malo para la salud.
b porque no puedo estar sin ti.
c el doctor le espera.
d para la clase del miércoles.
e la profesora se enfada.
f prepara la cena.
g y muestren sus billetes.
h si ya no la quieres.
i el teléfono está a la izquierda.
j es una fiesta fantástica.
k sin ver nuestros precios.
i eres un maleducado.

AYUDA

la propina *tip*
el conductor *driver*
el cobrador *conductor*
apagar *to put out*

N ESCUCHA Y CONTESTA

Listen to the instructions and answer the following questions

1 What is Julián asked not to do if he goes into the bedroom?
2 What must the girls do if they go to the disco?
3 When should the passengers tip the driver?
4 What does Teresa need to do if she expects to be allowed to go out tomorrow?
5 What has Alberto got to remember when he is laying the table?
6 Which keys are to be left with the secretary?
7 What does Ernesto have to do when he finishes his homework?
8 Why is Miguel asked to come back home immediately?

MUNDIAL > Q, R

O LEE EL ARTÍCULO Y CONTESTA LAS SIGUIENTES PREGUNTAS

¿PERROS PASTORES?

Una pareja de jabalíes se ha convertido en perros pastores. Su amo, Miguel Jiménez nos cuenta como se produjo esta extraña escena:

–Los encontré en el bosque hace tres años y los crié desde pequeños en casa. Claro que los jabalíes son normalmente feroces y salvajes, pero Juan y Juanita están completamente acostumbrados a la familia, han jugado con mis niños y todavía se dejan acariciar. Cuidan de las ovejas con toda fidelidad manteniéndolas agrupadas sin ayuda mía. Tengo ciento cuarenta ovejas y todo el tropel se queda tranquilo. Pienso presentarlos a un concurso de perros pastores en la primavera pero todavía no sé si los van a aceptar.

AYUDA

el jabalí *wild boar*
criar *to bring up*
acariciar *to stroke/caress*
la fidelidad *faithfulness*
el tropel *flock*

Read the article and answer the questions

1 How did Miguel come across the wild boar?
2 Why does he say that they are not fierce?
3 What work do they do and what is the effect on the sheep?
4 What is he hoping to do in the near future?

P LEE LA HISTORIA DE JAIME Y ROSARIO Y CONTESTA LAS PREGUNTAS

Jaime salió a las siete y cuarto de la mañana después de pasar toda la noche sin dormir. Dejó los platos sin fregar porque sabía que su mujer siempre lo hacía. También había dejado una nota en la mesa de la cocina que decia: «Esta noche no vuelvo».
No era la primera vez que Rosario leía esta nota. Jaime había desaparecido toda la noche, cuatro o cinco veces aproximadamente en los dos últimos meses, y nunca había explicado por qué ni dónde ni cuándo; simplemente «no vuelvo esta noche». Lo que molestaba a Rosario más que nada era que cuando volvía al día siguiente llegaba agotado y de mal humor. También llegaba sin afeitar, pero con un ramo de flores que Rosario recibía de muy mala gana. Pero esta vez cuando llegó Jaime al día siguiente lo primero que vio fue una nota escrita por Rosario que decía: «Esta noche no vuelvo»
Tampoco había nada preparado para comer y, en fin, no había nadie en casa, solamente el gato con una nota al lado de su cesta que decía: «¡Hay que darle de comer al gato!»
Jaime decidió no trabajar más de noche, aunque no pudieran ir de vacaciones el verano.

AYUDA

desaparecer *to disappear*
el ramo *bunch*
de muy mala gana *unwillingly*
la cesta *basket*

Read the story and answer the questions

1 ¿Pasó Jaime una buena noche?
2 ¿Quién fregaba los platos siempre?
3 ¿Qué decía la nota?
4 ¿Cuántas veces había desaparecido Jaime?
5 ¿Qué notaba Rosario cuando volvía Jaime?
6 ¿Le gustaba a Rosario recibir las flores?
7 ¿Qué le esperaba a Juan esta vez?
8 ¿Qué tenía que hacer Jaime en casa?

MUNDIAL S, T, U, V Es difícil descansar